目录

小博士学前启蒙必读
宝宝快乐
识汉字
理想 主编
幼儿园教学适用
3–6岁
中国人口出版社

前言

汉字是宝宝认识事物的基础，也是对宝宝进行智力训练不可或缺的重要内容。为了让孩子能尽早、尽快地认识并掌握最基本的汉字，系统、方便、科学地学习汉字的有关知识，为将来进入小学打下良好基础，我们编写了《宝宝快乐识汉字》一书。

为了摆脱传统教材的枯燥之味，提高孩子学习兴趣，本书除了具有汉字字音、结构、部首、笔画、笔顺、组词、造句、练习等基本功能外，还附有相应的儿歌、小知识、谜语、小游戏，以及色彩鲜明、趣味盎然的图片，不仅使孩子理解了相应汉字的应用，还为他营造了一个轻松快乐的学习氛围。

为了让孩子更好地学习和掌握本书的知识，我们还为小读者特别准备了配套的教学 VCD 光盘，真正实现了听、说、读、练四个环节的完美结合，使幼儿可以不用家长的帮助，也能轻松、独立地学习。

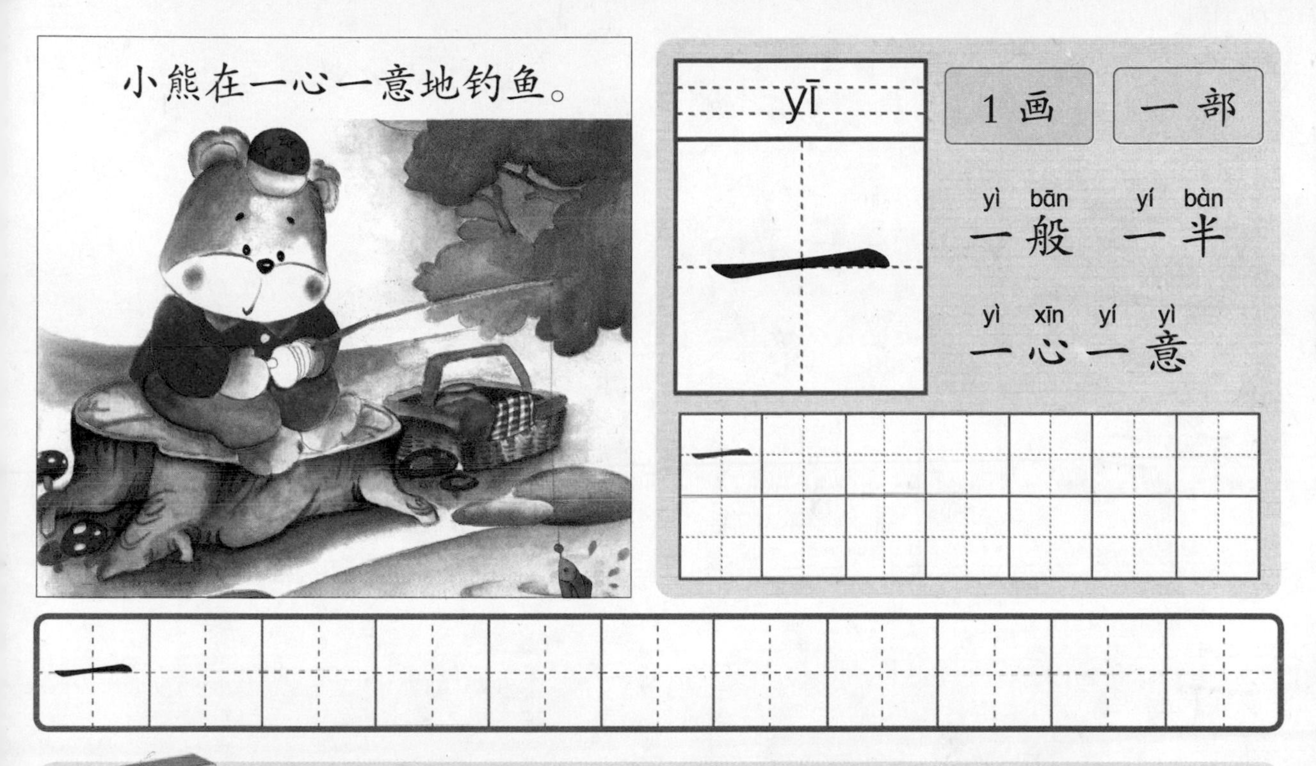

小熊在一心一意地钓鱼。

yī

一

1 画　　一 部

yì bān　yí bàn
一般　一半

yì xīn yí yì
一心一意

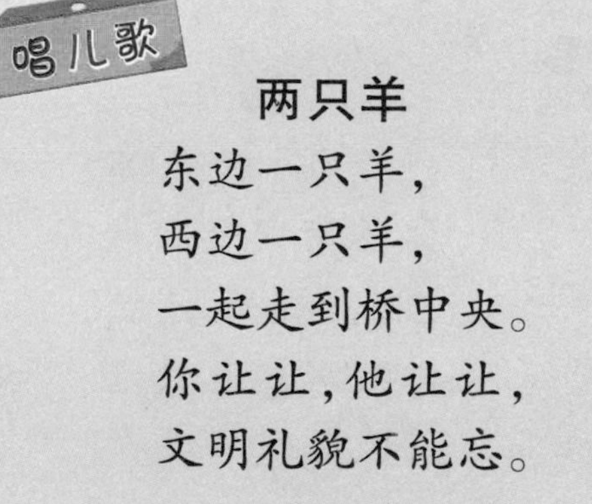

唱儿歌

两只羊

东边一只羊，
西边一只羊，
一起走到桥中央。
你让让，他让让，
文明礼貌不能忘。

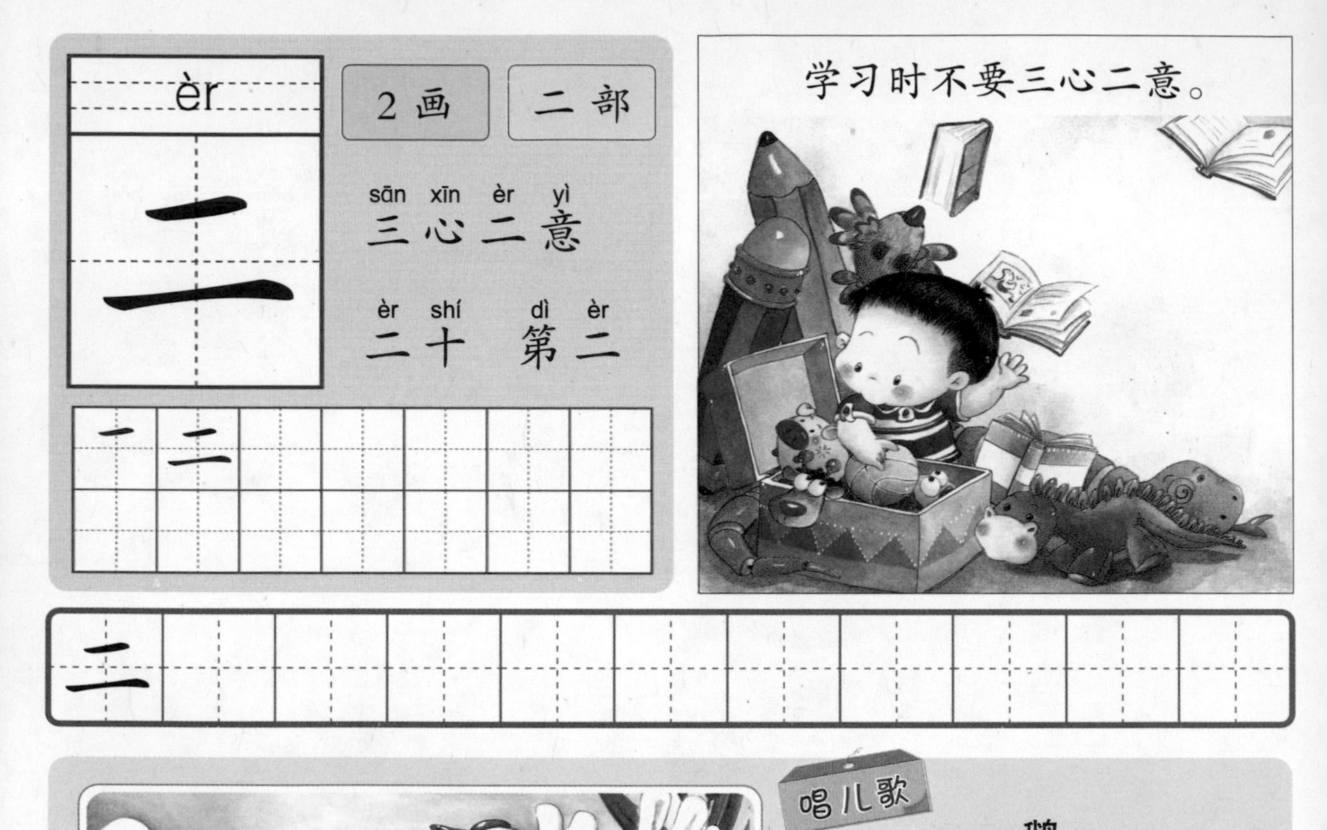

唱儿歌

鹅

一只鹅，两只鹅，
摇摇摆摆上山坡。
三只鹅，四只鹅，
排队游水真快活，
好像莲花一朵朵。

三个小朋友在做游戏。

sān

三

3画

一部

sān jiǎo 三角　sān gè 三个

sān fān wǔ cì 三番五次

一 二 三

三

绕口令

三月三

三月三，
小三练登山，
跑了三里三，
出了一身汗。

sì

四

5画　口部

sì jì　sì zhōu
四季　四周

sì miàn　sì zhī
四面　四肢

丨 冂 冂 四 四

一年有春夏秋冬四季。

四

绕口令

四和十

四是四，
十是十，
十四是十四，
四十是四十。
十四不是四十，
四十不是十四。

我爱五星红旗。

wǔ

五

4画　一部

wǔ guān　五官

wǔ jiǎo xīng　五角星

wǔ xīng hóng qí　五星红旗

五

唱儿歌

五指歌

一二三四五，
上山打老虎。
老虎没打到，
打着小松鼠。
松鼠有几个，
让我数一数。

liù

六

4 画　亠 部

liù liàng　liù yuè
六辆　六月

liù qīn bú rèn
六亲不认

丶 亠 六 六

停车场里停了六辆汽车。

六

绕口令

买肉

张老六，
李老六，
两个老六去买肉，
买了六斤六两六块肉。

彩虹有七种颜色。

qī

七

2画　一部

qī zhī　七只

qī zhǒng　七种

qī shàng bá xià　七上八下

一 七

七

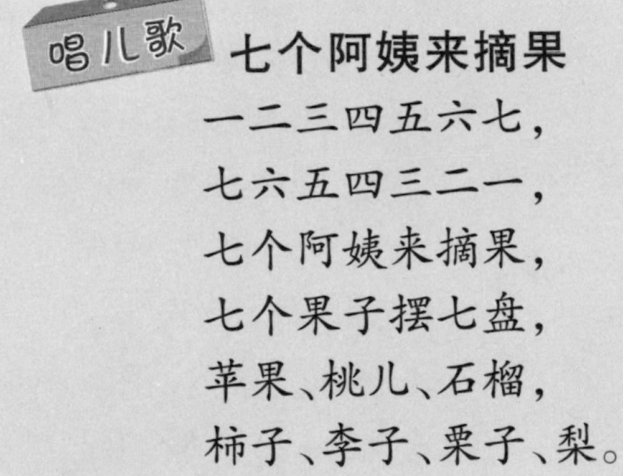

唱儿歌

七个阿姨来摘果

一二三四五六七，
七六五四三二一，
七个阿姨来摘果，
七个果子摆七盘，
苹果、桃儿、石榴，
柿子、李子、栗子、梨。

bā

八

2画　八部

bá yuè　bá suì
八月　八岁

sì miàn bā fāng
四面八方

丿　八

八

今年我八岁。

唱儿歌

数字歌

一二三，三二一，
小朋友们坐飞机，
四五六，六五四，
小朋友们学写字，
七八九，九八七，
大家一起来学习。

我一共有九枝铅笔。

jiǔ

九

2画　丿部

jiǔ zhōu 九州　jiǔ zhī 九枝

jiǔ tiān 九天　jiǔ quán 九泉

丿 九

九

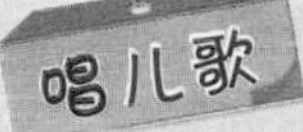

九九歌

一九二九不出手，
三九四九冰上走，
五九六九沿河看柳，
七九冻河开，
八九燕儿来，
九九加一九，
耕牛遍地走。

shí

十

2画　十部

shí quán shí měi
十全十美

shí fēn　shí zhǐ
十分　十指

一十

十

我的布娃娃十分漂亮。

唱儿歌

凑十歌

一加九，十只小蝌蚪，
二加八，十只小花鸭，
三加七，十只小母鸡，
四加六，十只小皮猴，
五加五，十只大老虎。

我考试得了一百分。

bǎi

百

6画

白部

bǎi kē 百科　bǎi huò 百货

yì bǎi fēn 一百分

百

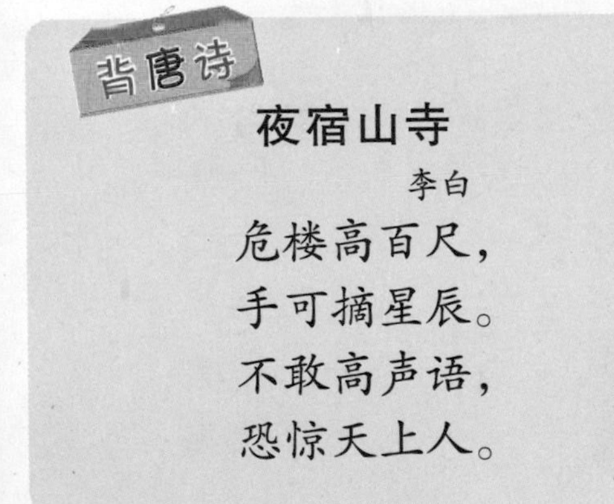

背唐诗

夜宿山寺

李白

危楼高百尺，
手可摘星辰。
不敢高声语，
恐惊天上人。

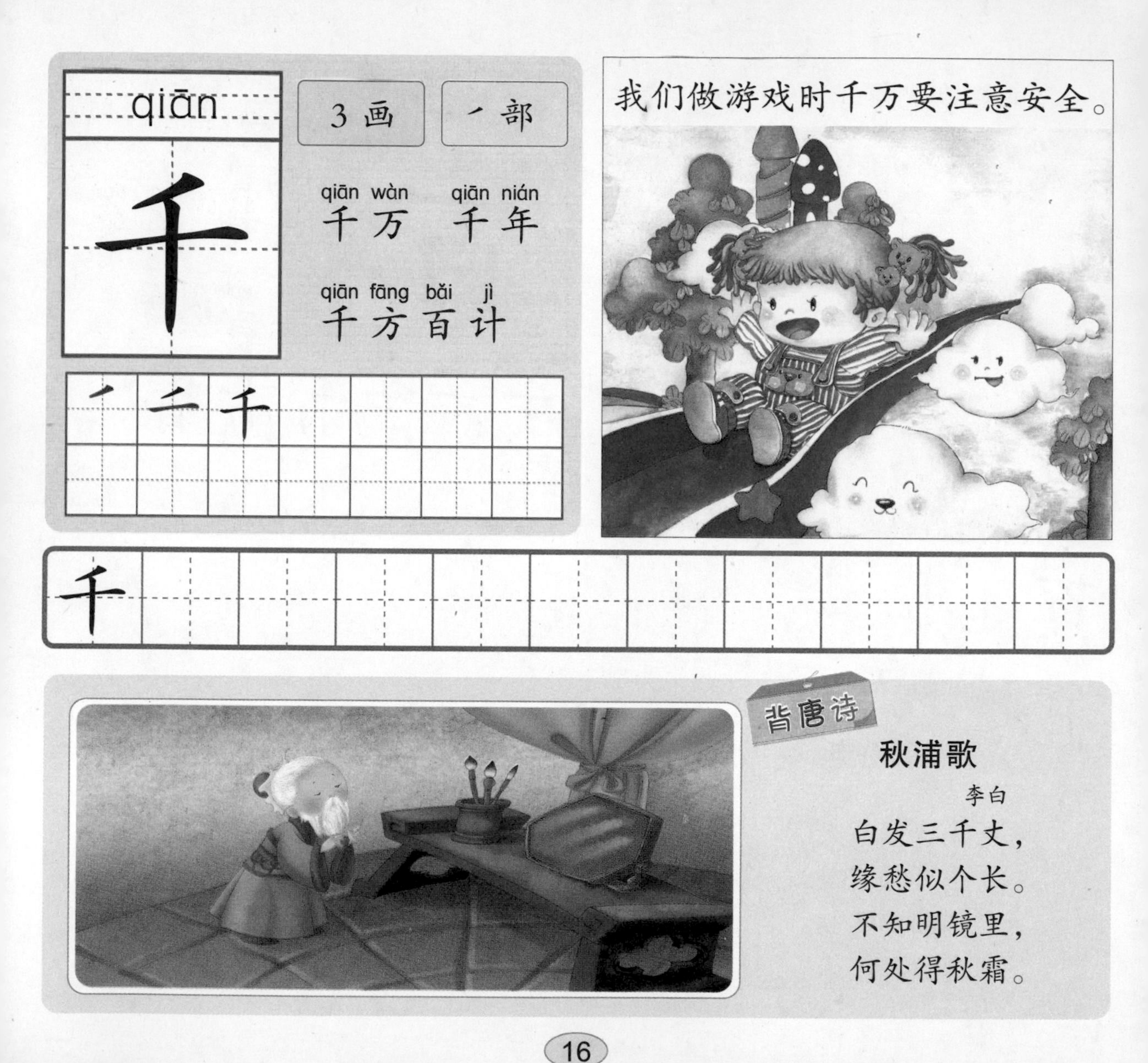
qiān
千
3画
丿部
qiān wàn qiān nián
千万 千年
qiān fāng bǎi jì
千方百计
丿 二 千
千
我们做游戏时千万要注意安全。
背唐诗
秋浦歌
李白
白发三千丈，
缘愁似个长。
不知明镜里，
何处得秋霜。

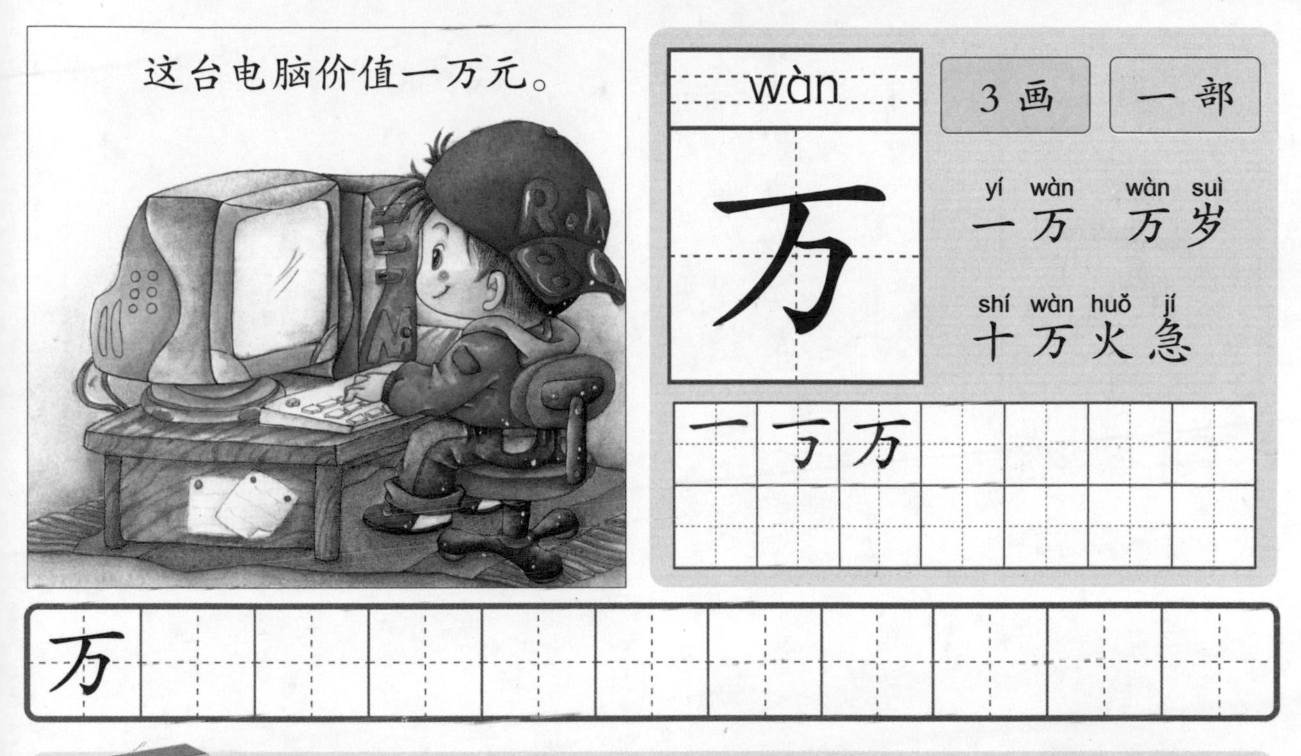

这台电脑价值一万元。

wàn

万

3画　一部

yí wàn　wàn suì
一万　万岁

shí wàn huǒ jí
十万火急

一 丂 万

万

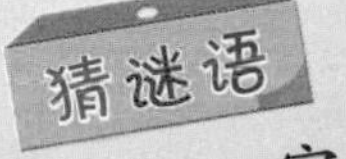

猜谜语

一家兄弟万万千，
辛勤劳动在花间，
造下小屋千千万，
蜜浆藏在屋里边。

（打一种动物）
（蜜蜂）

dà

大

3画　大部

dà xiàng 大象　dà hǎi 大海

wěi dà 伟大　dà qiáo 大桥

一 ナ 大

大象的鼻子特别长。

大

小游戏

比一比，四只熊中哪只最大？哪只最小？哪两只一样大？

四个气球中哪个最大？哪个最小？哪两个一样大？请把大熊与大气球连线，小气球与小熊连线。

过马路时，小朋友一定要小心。

xiǎo

小

3画　小部

xiǎo xué	xiǎo xīn
小学	小心
xiǎo shuō	**xiǎo niǎo**
小说	小鸟

亅　小　小

小

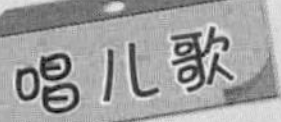

造房子

小宝宝，造房子，
房子造好给谁住？
楼上分给小鸽子，
楼下分给小兔子。

看一看，杯子和牙刷哪种数量多？哪种数量少？请将数量多的杯子与数量多的牙刷连线。

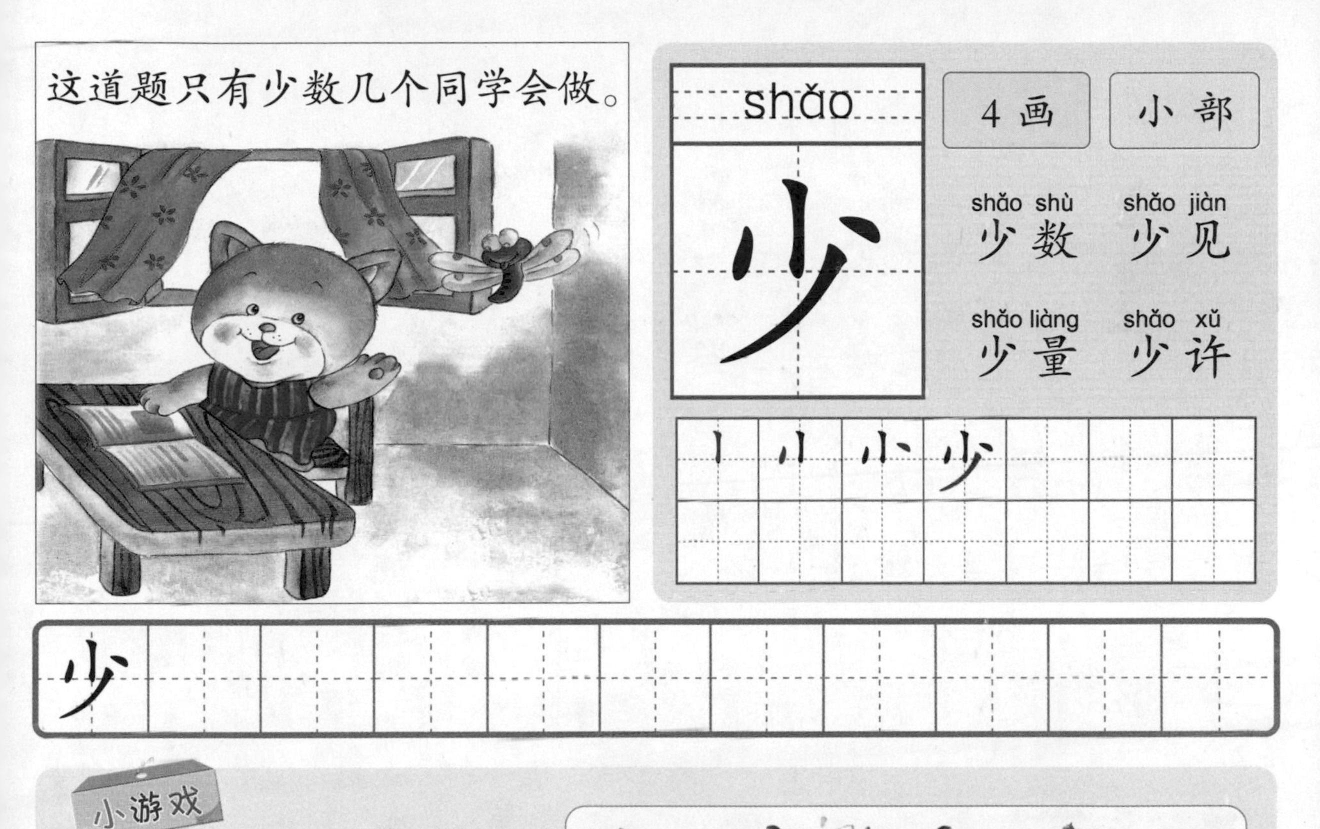

这道题只有少数几个同学会做。

shǎo

少

4画　小部

shǎo shù 少数　shǎo jiàn 少见

shǎo liàng 少量　shǎo xǔ 少许

丨 ⺌ 小 少

少

小游戏

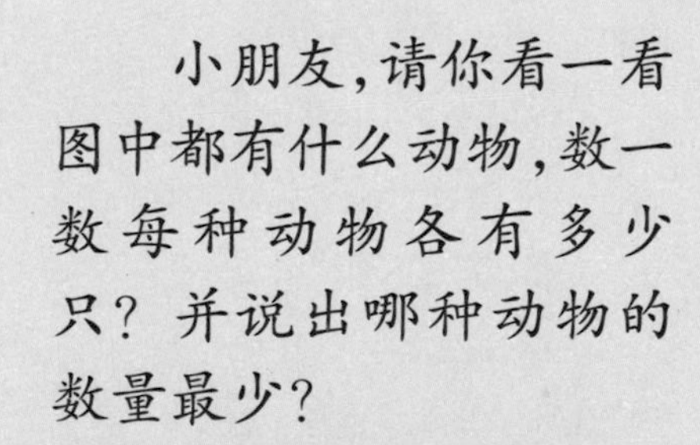

小朋友，请你看一看图中都有什么动物，数一数每种动物各有多少只？并说出哪种动物的数量最少？

shàng

上

3画　丨部

shàng xué 上学　shàng jìn 上进

shàng bān 上班　shàngdàng 上当

丨 ⺊ 上

我高高兴兴地去上学。

上

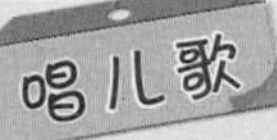

滑滑梯

小妹妹，小弟弟，
大家一起上滑梯。
你先我后不着急，
哧溜一声滑下去，
大家拍手笑嘻嘻。

昨天晚上外面下雪了。

xià

下

3 画　一 部

xià xuě 下雪　xià kè 下课

xià shān 下山　xià chǎng 下场

一 丅 下

下

小游戏

小猴子住在二楼的 2 号房间，请小朋友看看，它的楼下住的是谁？

小熊住在二楼的 1 号房间，看看它的楼下住的是谁？

zuǒ

左

5画　一部

zuǒ shǒu 左手　zuǒ bian 左边

zuǒ zhuǎn 左转　zuǒ cè 左侧

一 ナ 𠂇 左 左

左

我们要经常练习使用左手。

小游戏

左图中有四种小动物，小朋友们快来看一看，小松鼠的左边是谁？小兔子的左边又是谁？它们正在做什么？

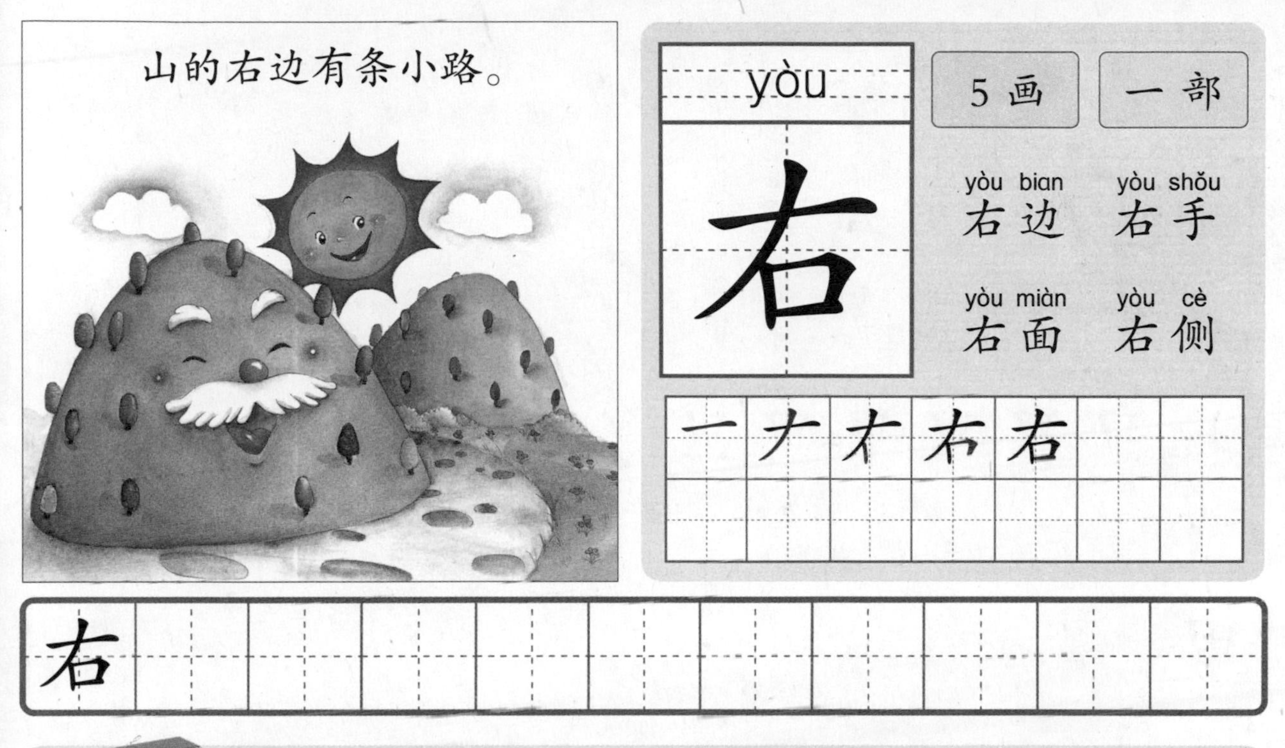

山的右边有条小路。

yòu

右

5画　一部

yòu biān 右边　yòu shǒu 右手

yòu miàn 右面　yòu cè 右侧

一 ナ 𠂇 右 右

右

小游戏

小蜗牛要去小乌龟家做客，它必须从左边进通道，从右边出通道才能顺利到达目的地，请你帮它标出左和右。

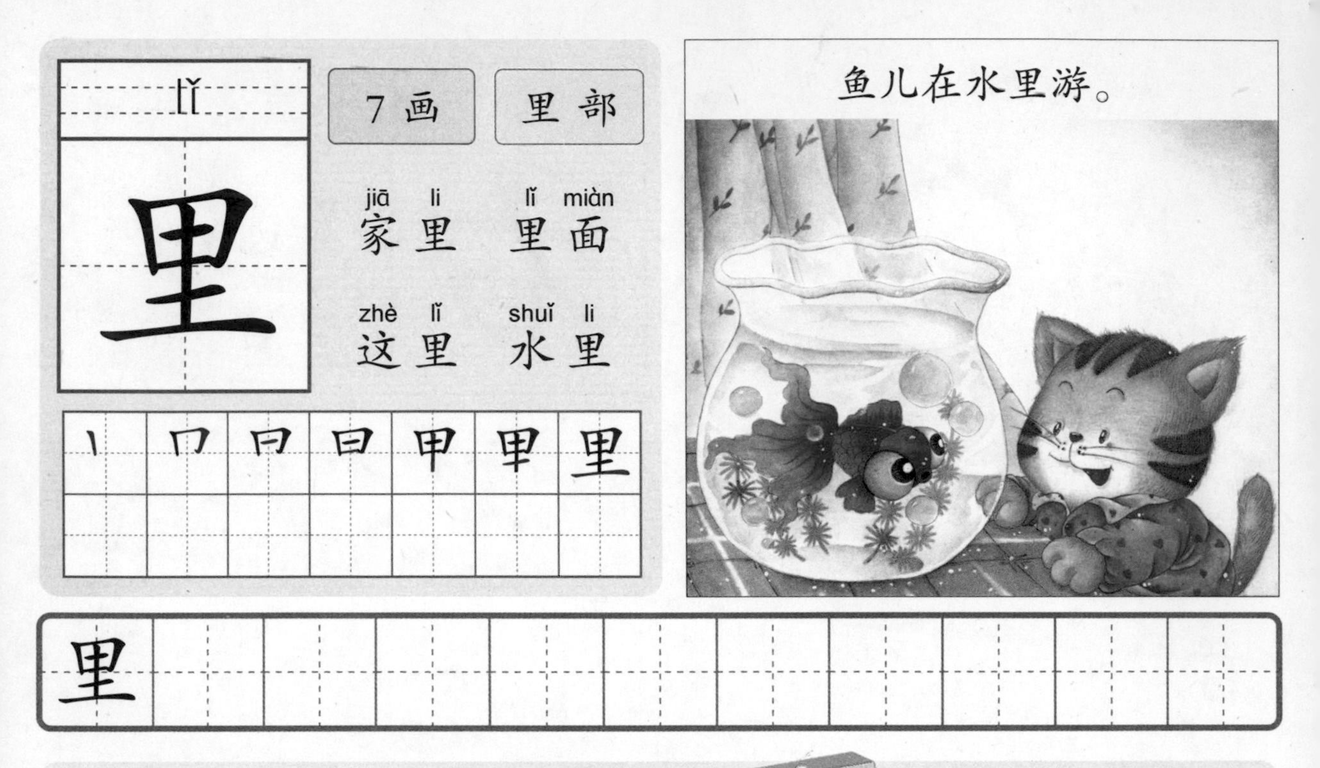

lǐ

里

7画　里部

jiā li　lǐ miàn
家里　里面

zhè lǐ　shuǐ li
这里　水里

丨 冂 日 日 甲 甲 里

鱼儿在水里游。

里

小游戏

鸡妈妈生了6个鸡宝宝，它们一天天长大，终于可以自己出来觅食了。可是，有几个鸡宝宝特别懒惰，总是躲在屋子里不肯出来。小朋友，快来看看有几个懒惰的鸡宝宝？

小游戏

小朋友，请你看看屋里有哪些小动物，屋外有哪些小动物？屋外除了正在玩耍的小动物，还有些什么？

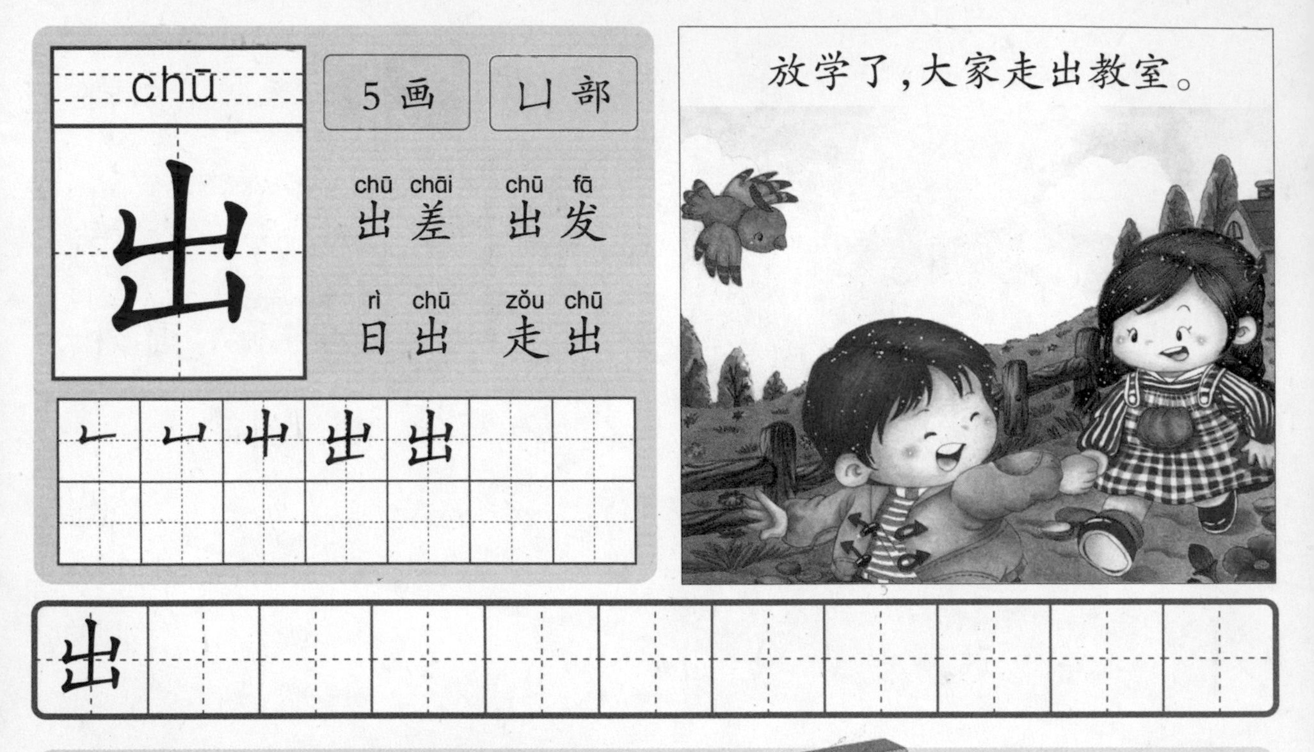

小游戏

请你看一看，图中的小朋友是正要进门还是要出门？

小朋友们要做好入学准备。

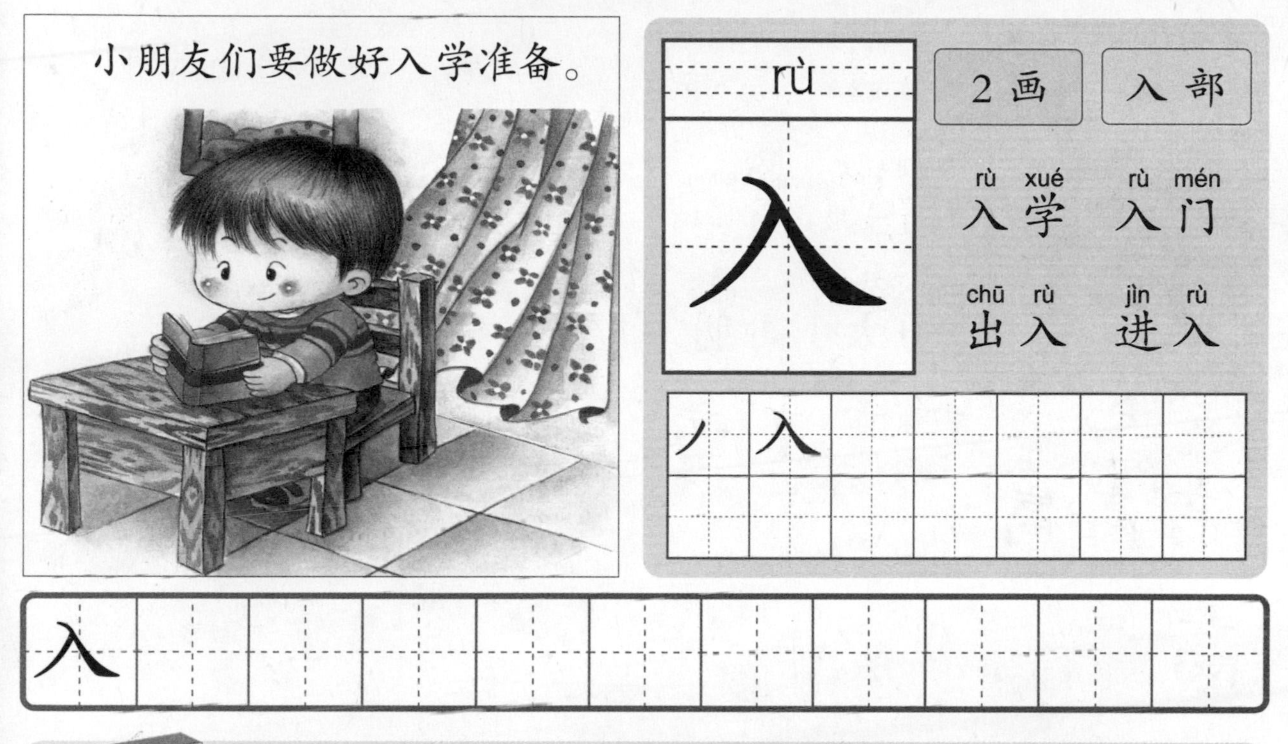

rù

入

2画　入部

rù xué　rù mén
入学　入门

chū rù　jìn rù
出入　进入

小游戏

小朋友，请你看看谁的卡片上写的是“入”字，想一想，“入”和“人”有什么不同？

九月九日忆山东兄弟

王维

独在异乡为异客，
每逢佳节倍思亲。
遥知兄弟登高处，
遍插茱萸少一人。

走路要抬头挺胸，不要低头。

dī

低

7画　亻部

dī tóu	jiàng dī
低头	降低
dī chén	**dī ǎi**
低沉	低矮

丿 亻 亻 亻 仾 低 低

低

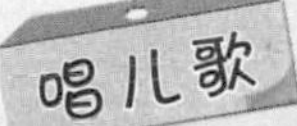

小蝴蝶

小蝴蝶，多么美，
张开翅膀飞呀飞。
又传粉，又吃蜜，
忽高忽低做游戏。

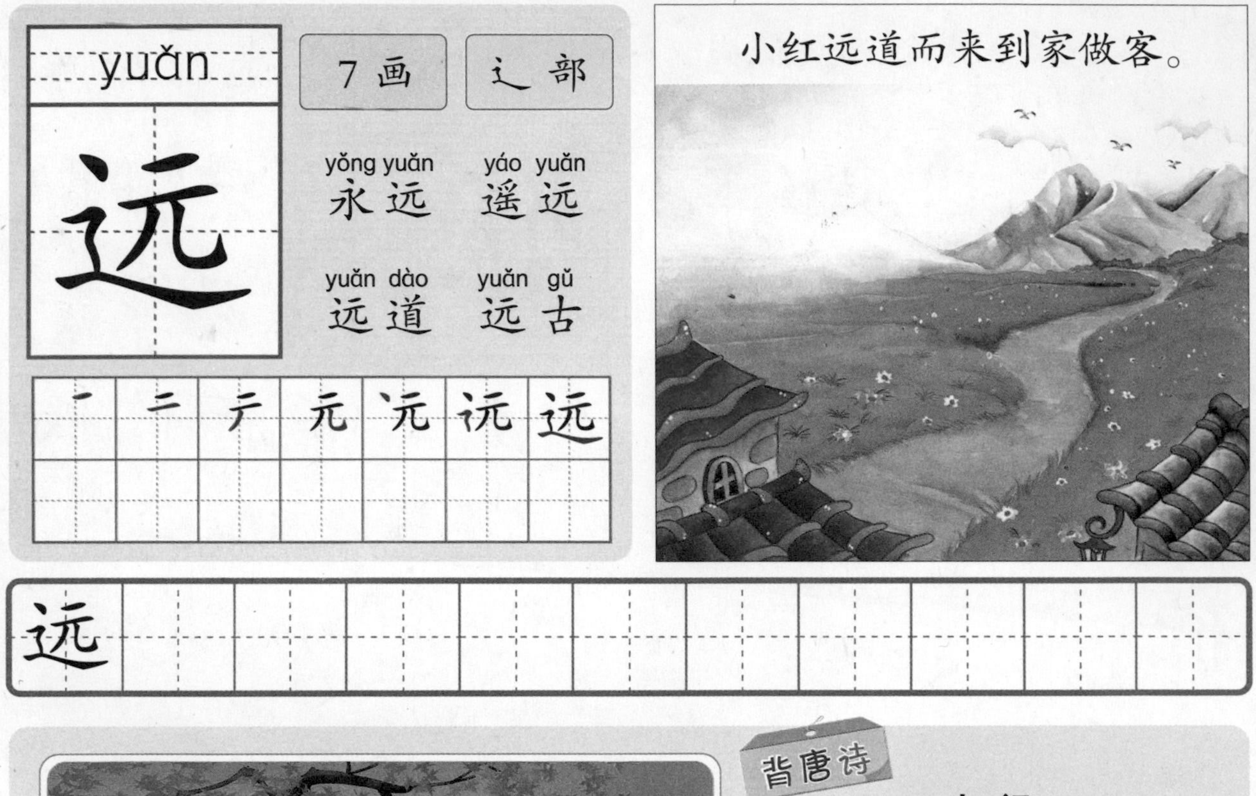

yuǎn

远

7画　辶部

yǒng yuǎn 永远　yáo yuǎn 遥远

yuǎn dào 远道　yuǎn gǔ 远古

一 二 テ 元 `元 㳄 远

小红远道而来到家做客。

远

背唐诗

山行

杜牧

远上寒山石径斜，
白云深处有人家。
停车坐爱枫林晚，
霜叶红于二月花。

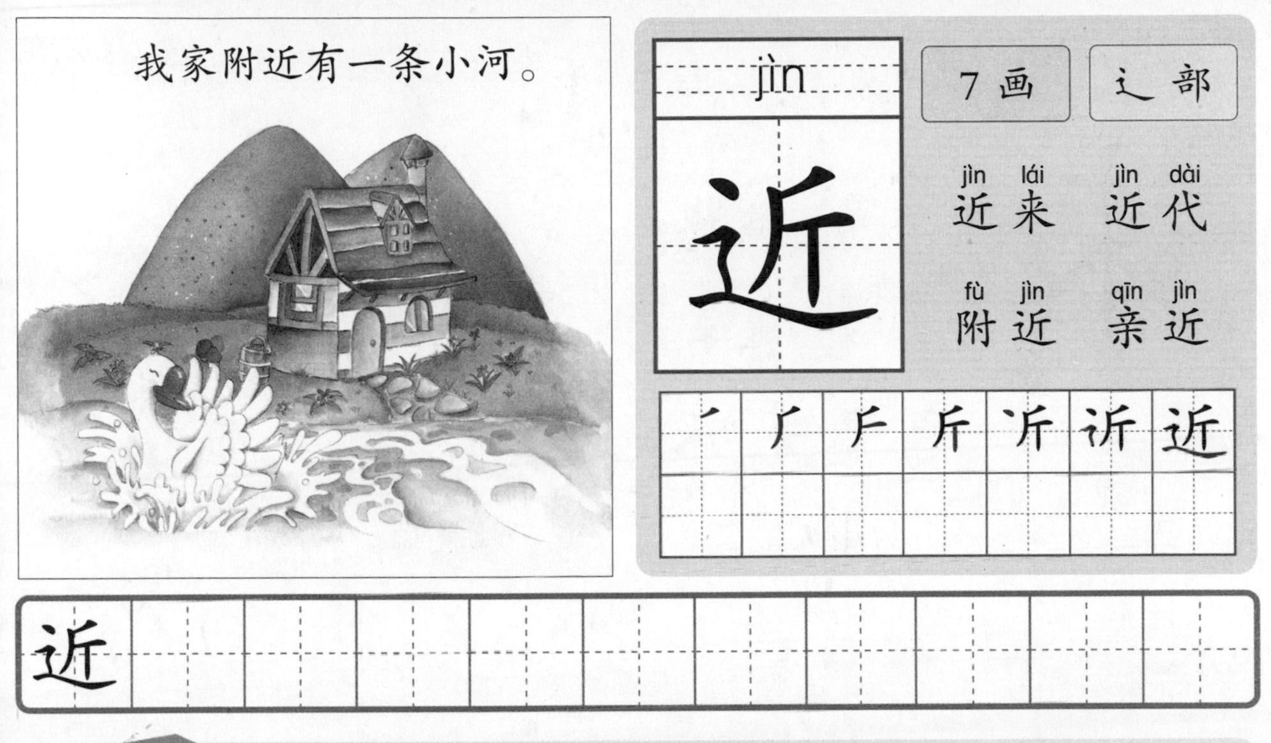

我家附近有一条小河。

jìn

近

7画　辶部

jìn lái　jìn dài
近来　近代

fù jìn　qīn jìn
附近　亲近

请小朋友们看一看,图中的小熊走哪一条路回家最近?看看远处有什么?近处有什么?

lái

来

7画　一部

wèi lái	lái lín
未来	来临
dào lái	jìn lái
到来	进来

大家欢天喜地迎接新年的到来。

来

小游戏

填字成句

这棵树是______年栽的。（来、去）

今天，我们家______客人了。（来、去）

妈妈不在家，她______买菜了。（来、去）

星期天，小红出去钓鱼了。

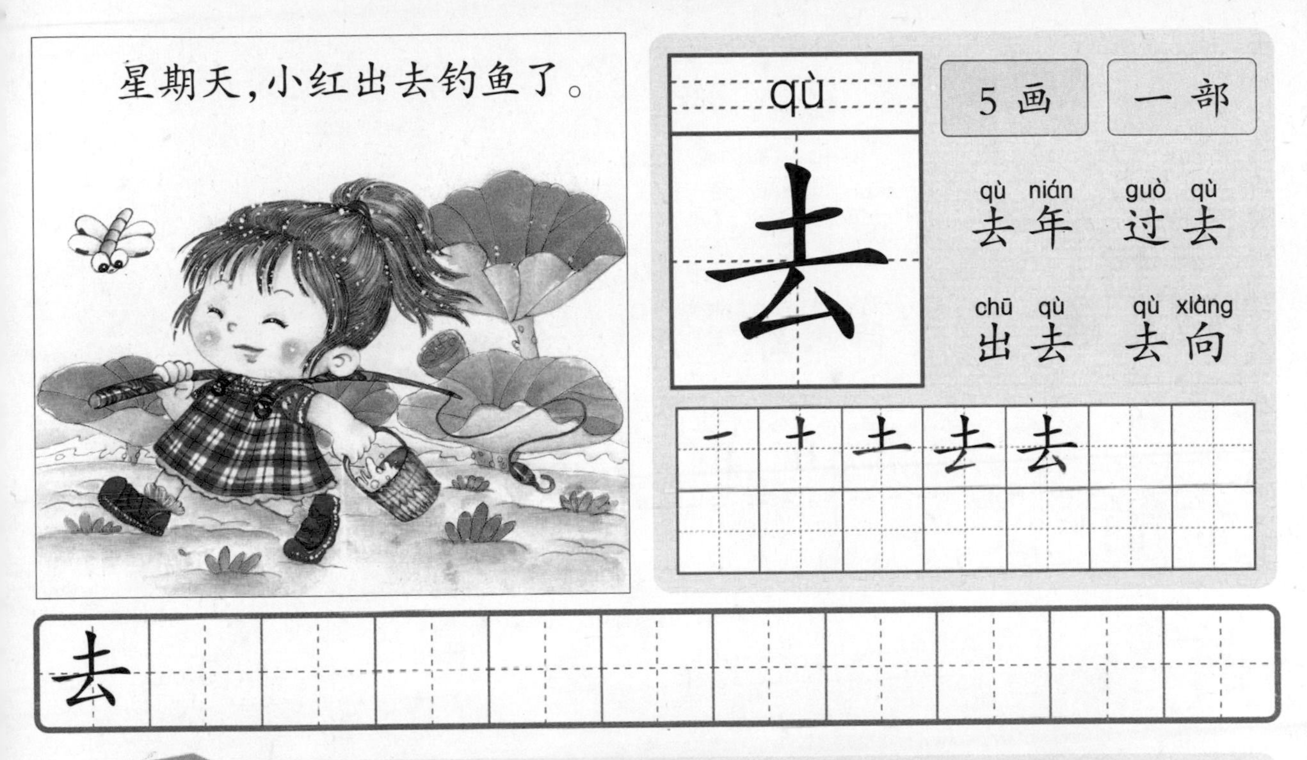

qù

去

5画　一部

qù nián　guò qù
去年　过去

chū qù　qù xiàng
出去　去向

一 十 土 去 去

去

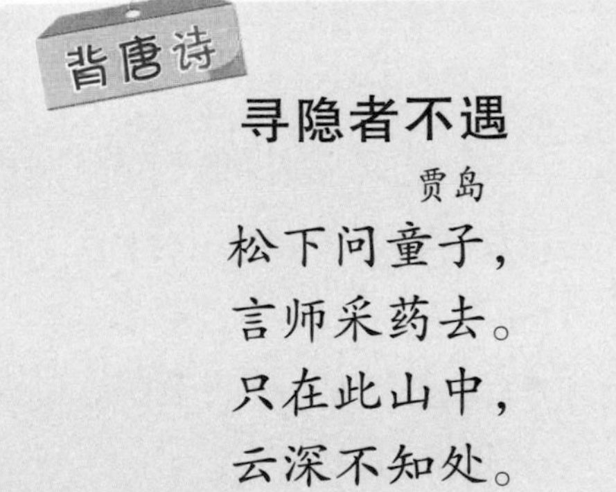

背唐诗

寻隐者不遇

贾岛

松下问童子，
言师采药去。
只在此山中，
云深不知处。

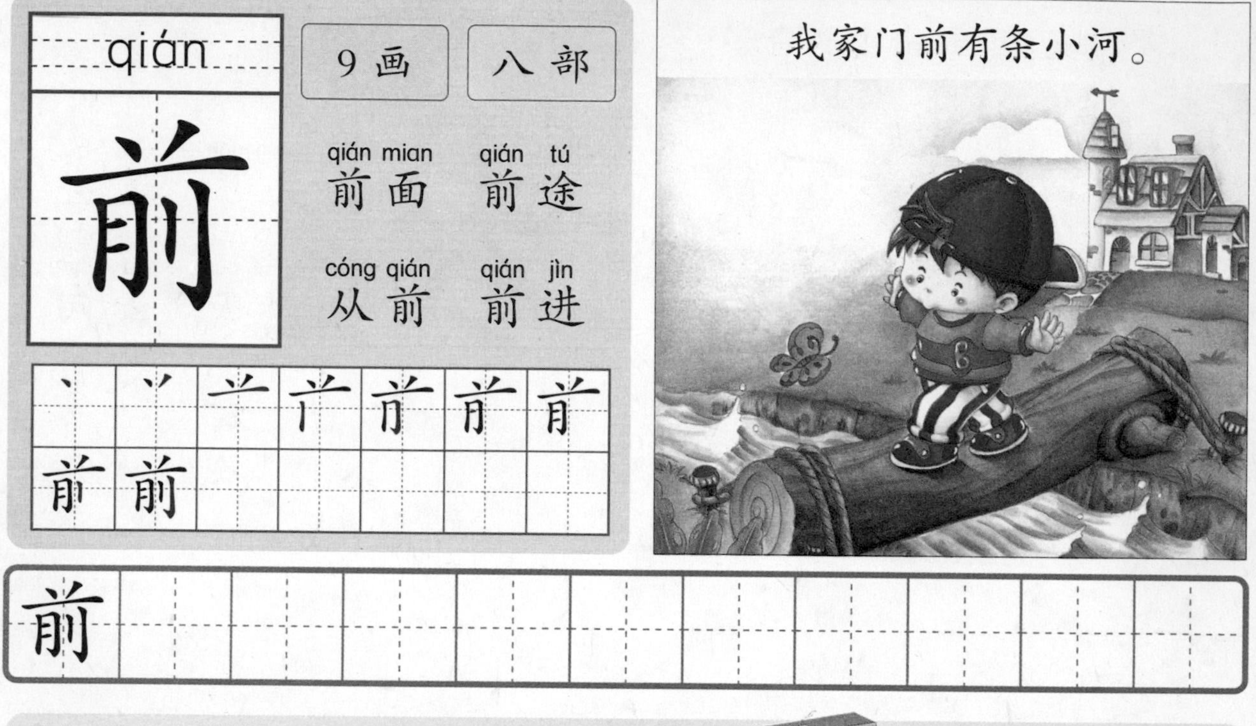

qián

前

9画　八部

qián mian　前面

qián tú　前途

cóng qián　从前

qián jìn　前进

我家门前有条小河。

前

小游戏

鸭妈妈带小鸭们去游泳，请你看看鸭妈妈前面有几只小鸭，后面有几只小鸭？一共有几只小鸭？

我每天都在屋子后面放羊。

hòu

后

6画 丿部

hòu mian 后面　yǐ hòu 以后

hòu guǒ 后果　hòu tiān 后天

㇀ 厂 𠂆 斤 后 后

后

小游戏

小动物们排队观看演出，快看看兔子的后面是谁？小熊猫的后面是谁？小象在小鹿的前面还是后面？

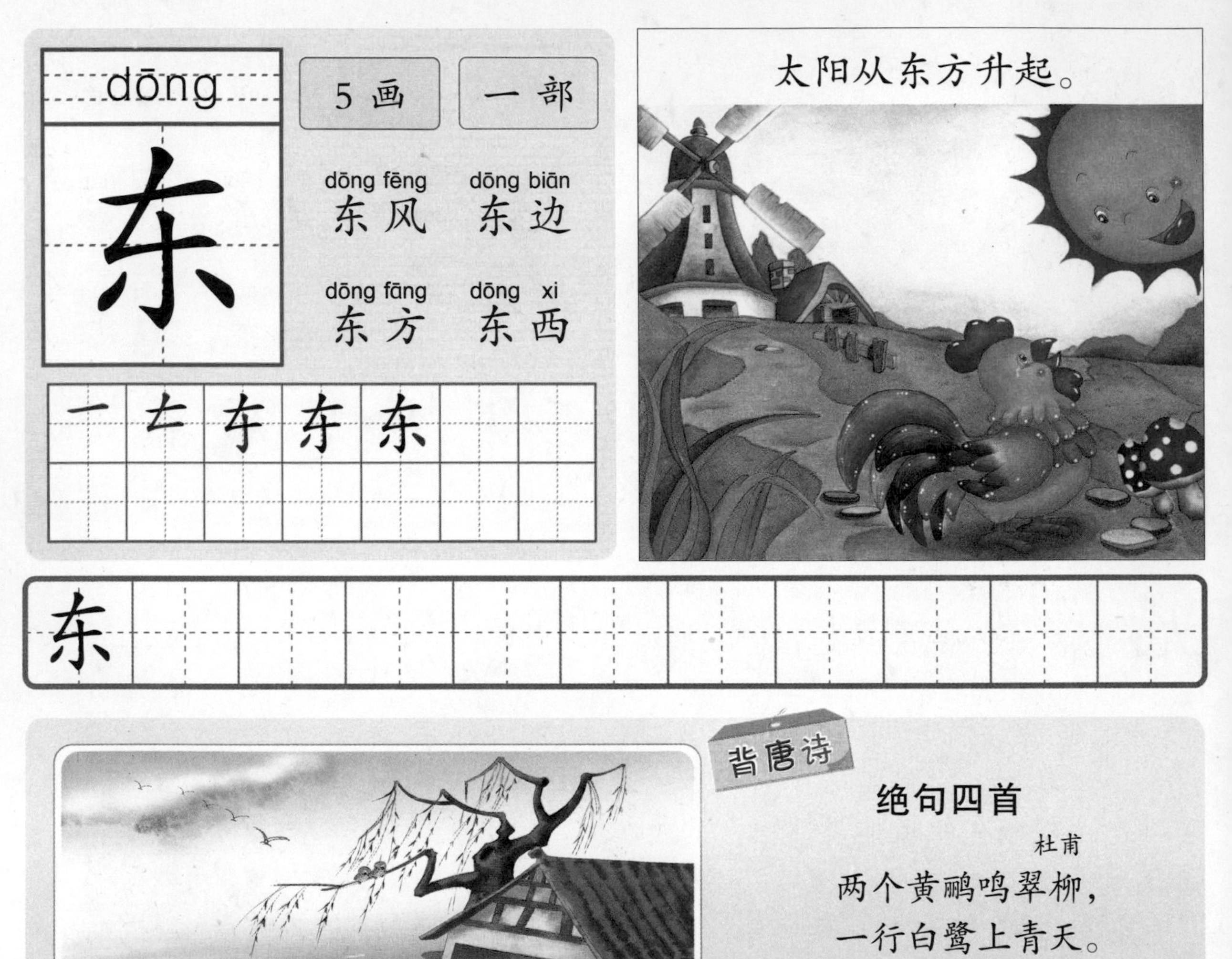

dōng

东

5画　一部

dōng fēng 东风　dōng biān 东边

dōng fāng 东方　dōng xi 东西

一　𠂉　⺮　东　东

东

太阳从东方升起。

背唐诗

绝句四首

杜甫

两个黄鹂鸣翠柳，
一行白鹭上青天。
窗含西岭千秋雪，
门泊东吴万里船。

这个大西瓜好甜啊！

xī

西

6画

一部

xī fú 西服　xī yī 西医

xī guā 西瓜　xī cān 西餐

一 丅 丙 丙 西 西

西

小游戏

请你把实物和相应的名称连接起来。

西瓜　西红柿　西服

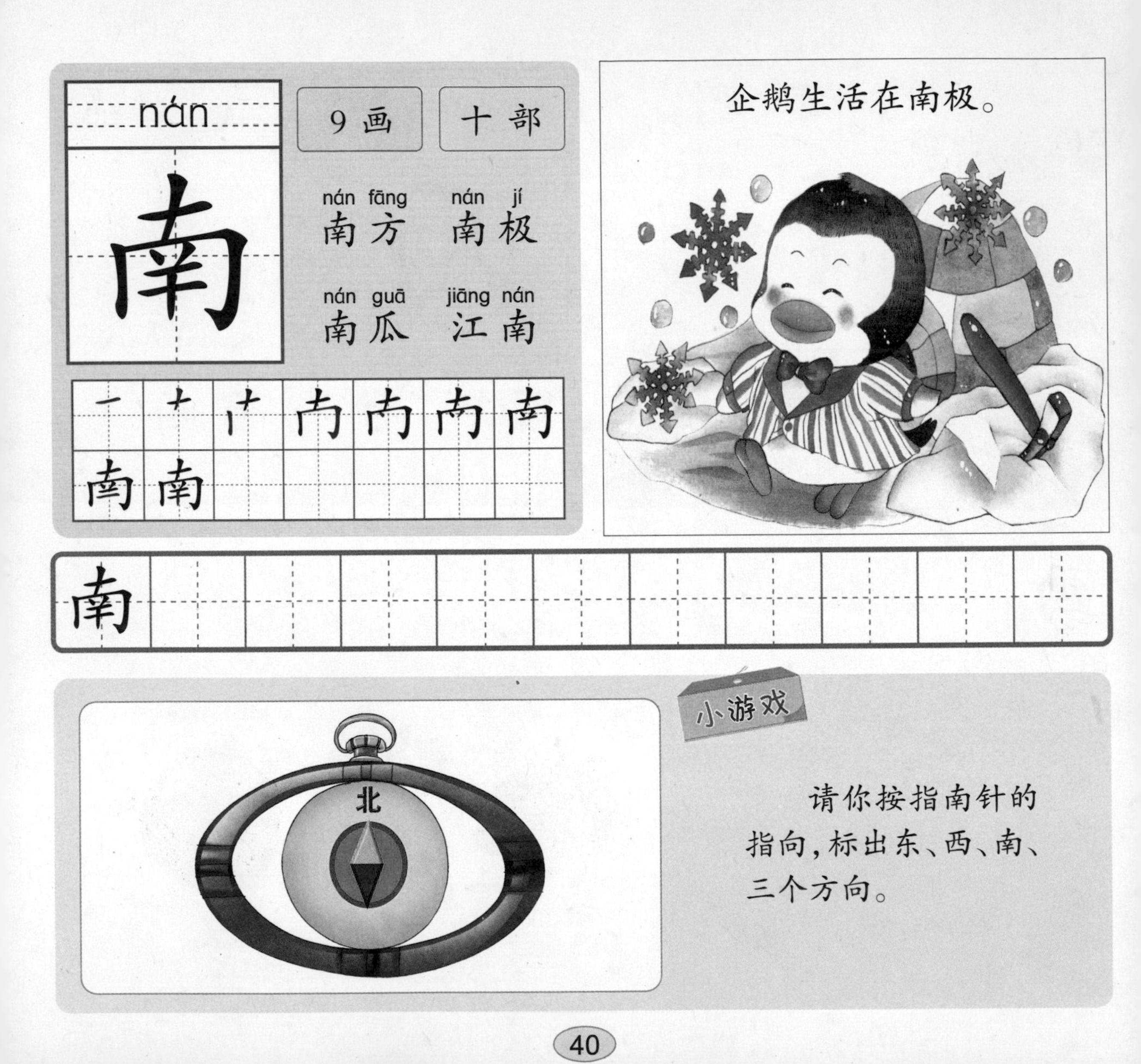
nán
南
9画
十部
nán fāng 南方
nán jí 南极
nán guā 南瓜
jiāng nán 江南
企鹅生活在南极。
南
北
小游戏
请你按指南针的指向，标出东、西、南、三个方向。

北方的冬天经常下雪。
bĕi
北
5画
丨部
běi jīng 北京
běi fāng 北方
běi jí 北极
běi fēng 北风
丨 ⺊ ⺦ 北 北
北
猜谜语
小小东西，
只认南北，
不辨东西，
行走天下，
方向不迷。
（打一旅行用品）
（指南针）

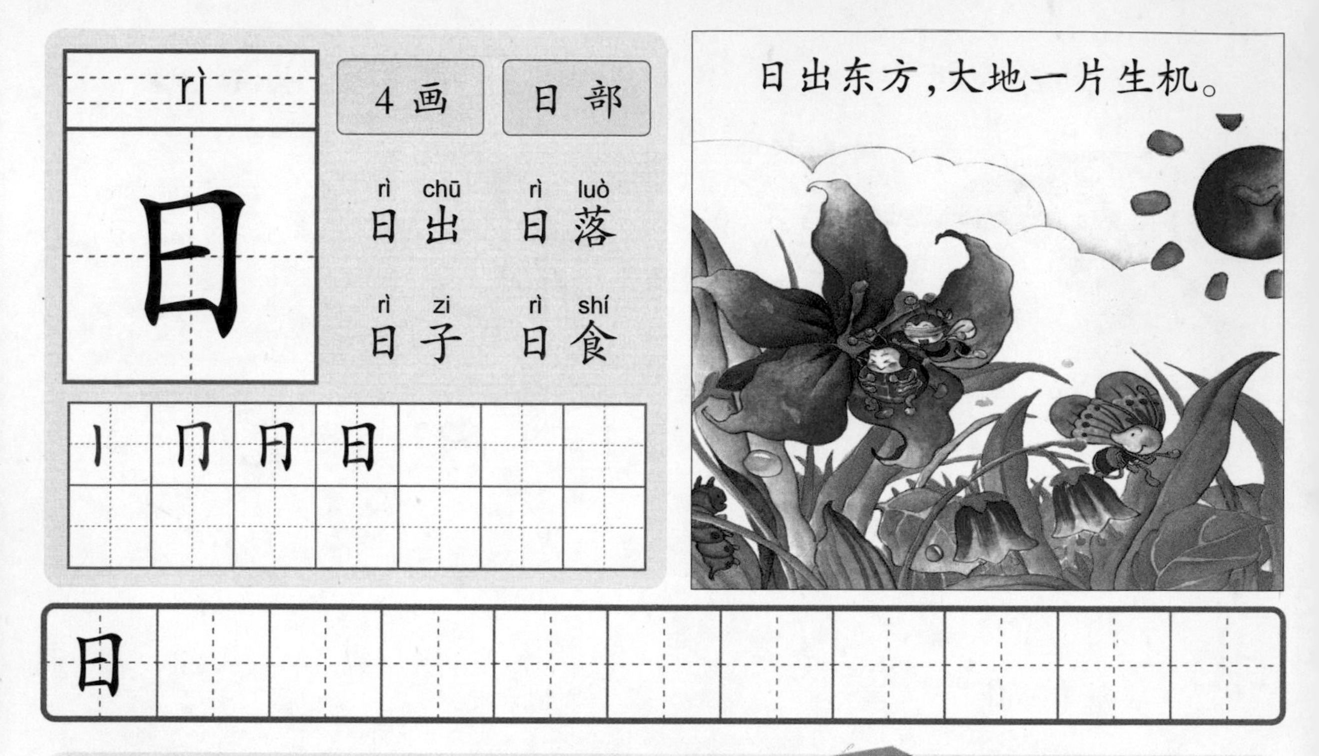

rì

日

4画　日部

rì chū	rì luò
日出	日落
rì zi	**rì shí**
日子	日食

丨 冂 月 日

日出东方，大地一片生机。

日

唱儿歌

生日真热闹

今天我生日，
全家真热闹。
狗儿来回跑，
鸟儿叽叽叫。

月亮弯弯像条小船。

yuè

月

4画　月部

yuè liang	yuè qiú
月亮	月球
yuè guāng	yuè fèn
月光	月份

丿 冂 月 月

月

静夜思

李白

床前明月光，
疑是地上霜。
举头望明月，
低头思故乡。

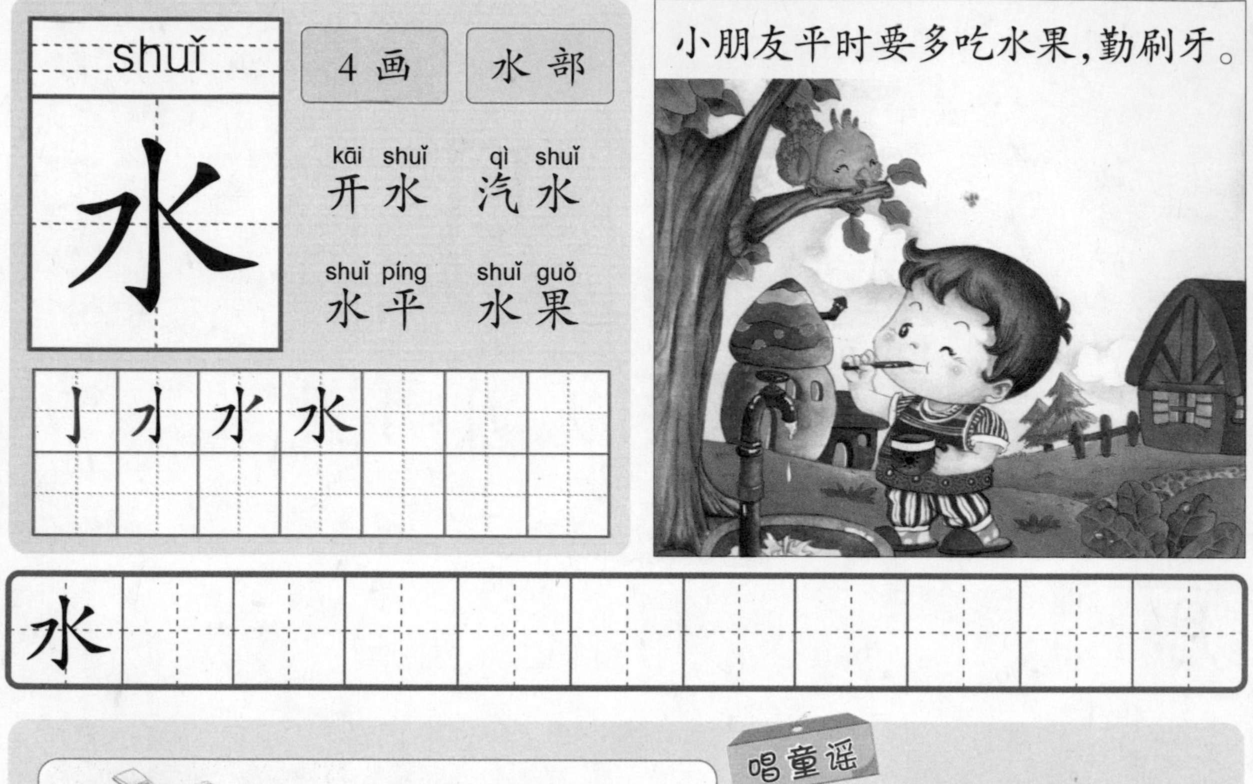

shuǐ

水

4画　水部

kāi shuǐ	qì shuǐ
开水	汽水
shuǐ píng	shuǐ guǒ
水平	水果

水

小朋友平时要多吃水果，勤刷牙。

水

唱童谣

小河

河水哗啦啦，
好像在说话。
你问说些啥？
别捉小鱼虾。

火红的太阳炙烤着大地。

huǒ

火

4画　火部

huǒ zāi 火灾　huǒ huā 火花

huǒ guō 火锅　huǒ hóng 火红

丶 丷 火 火

火

太阳

太阳就像一团火，
大热天里晒着我。
庄稼小草垂下头，
没处跑来没处躲。

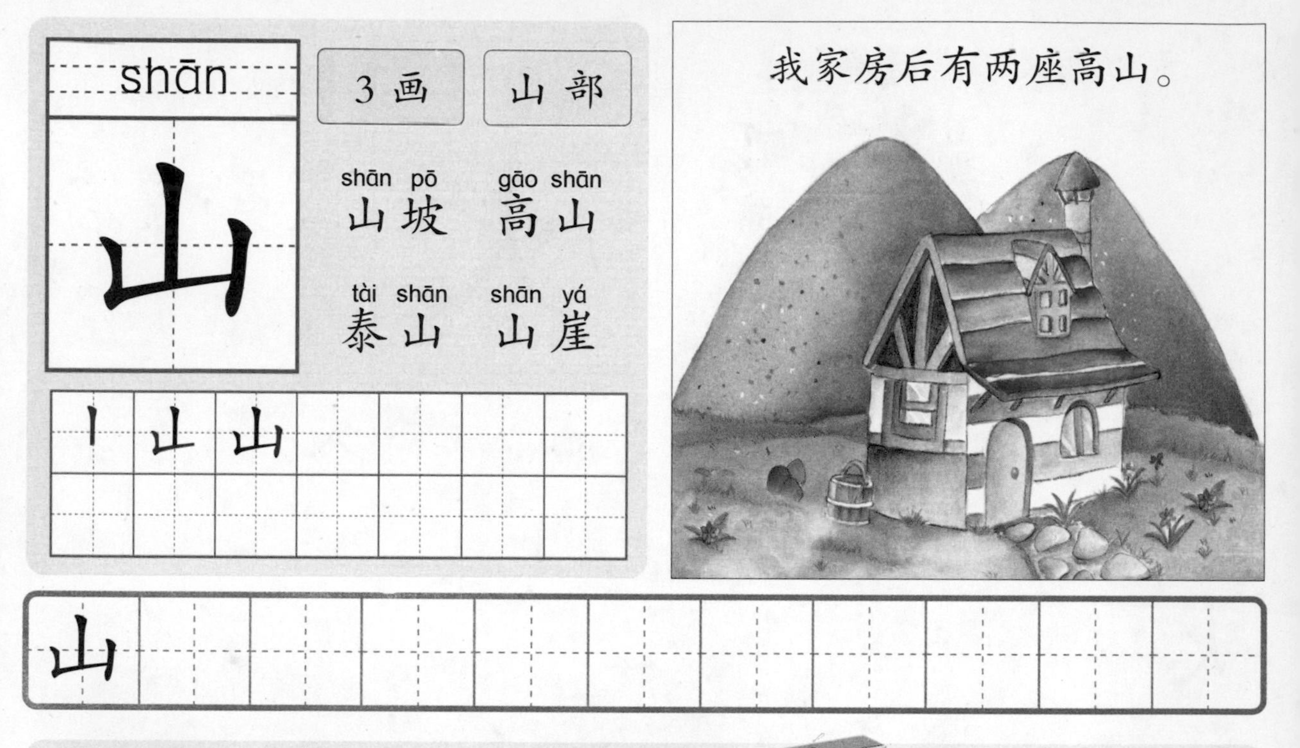

shān

山

3画　山部

shān pō 山坡　gāo shān 高山

tài shān 泰山　shān yá 山崖

丨 山 山

山

我家房后有两座高山。

望天门山

李白

天门中断楚江开，
碧水东流至此回。
两岸青山相对出，
孤帆一片日边来。

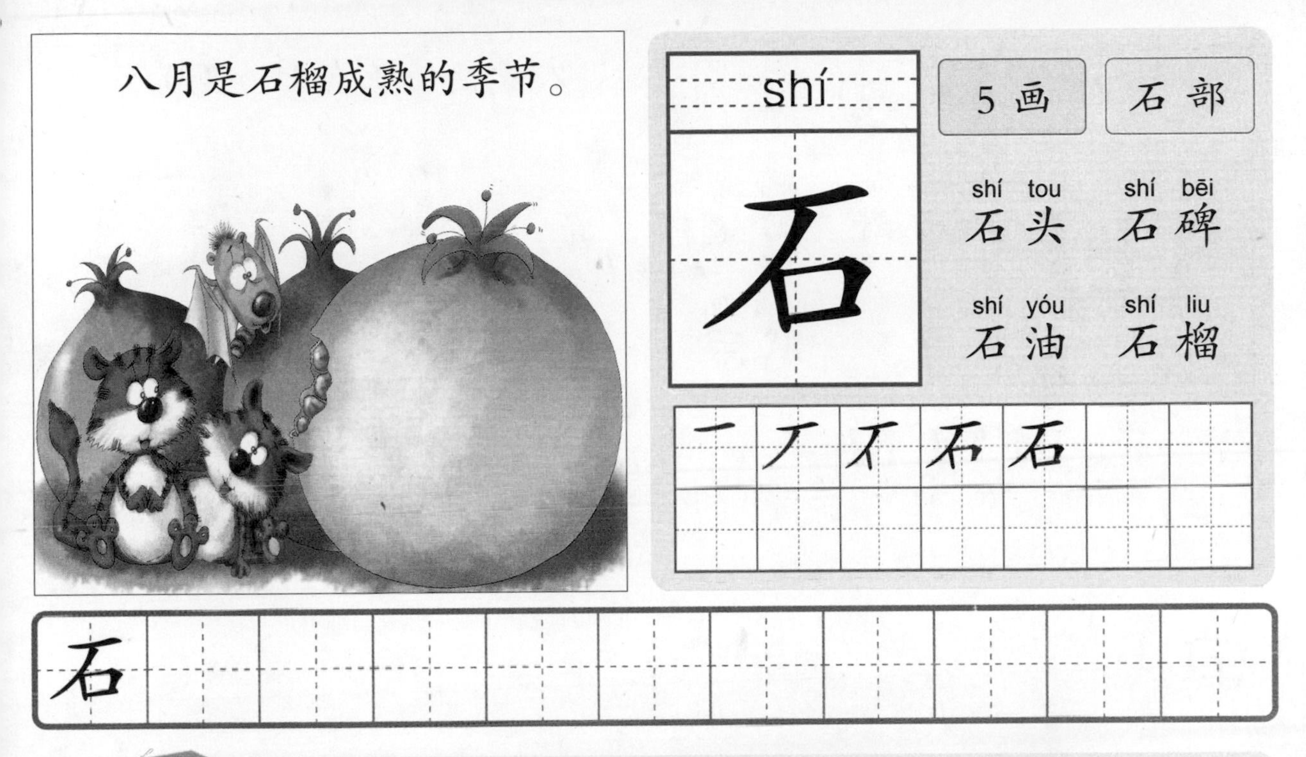

八月是石榴成熟的季节。

shí

石

5画　石部

shí tou 石头　shí bēi 石碑

shí yóu 石油　shí liu 石榴

一 丆 丆 石 石

石

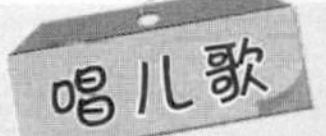

石头剪子布

石头剪子布，
宝宝学算术。
一二三四五，
从小打基础。

tián
田
5画
田部
tián yě
田野
tián dì
田地
mài tián
麦田
nóng tián
农田
丨 冂 日 田 田
田
农民伯伯正在田地里劳作。
背唐诗
悯农
李绅
春种一粒粟，
秋收万颗子。
四海无闲田，
农夫犹饿死。

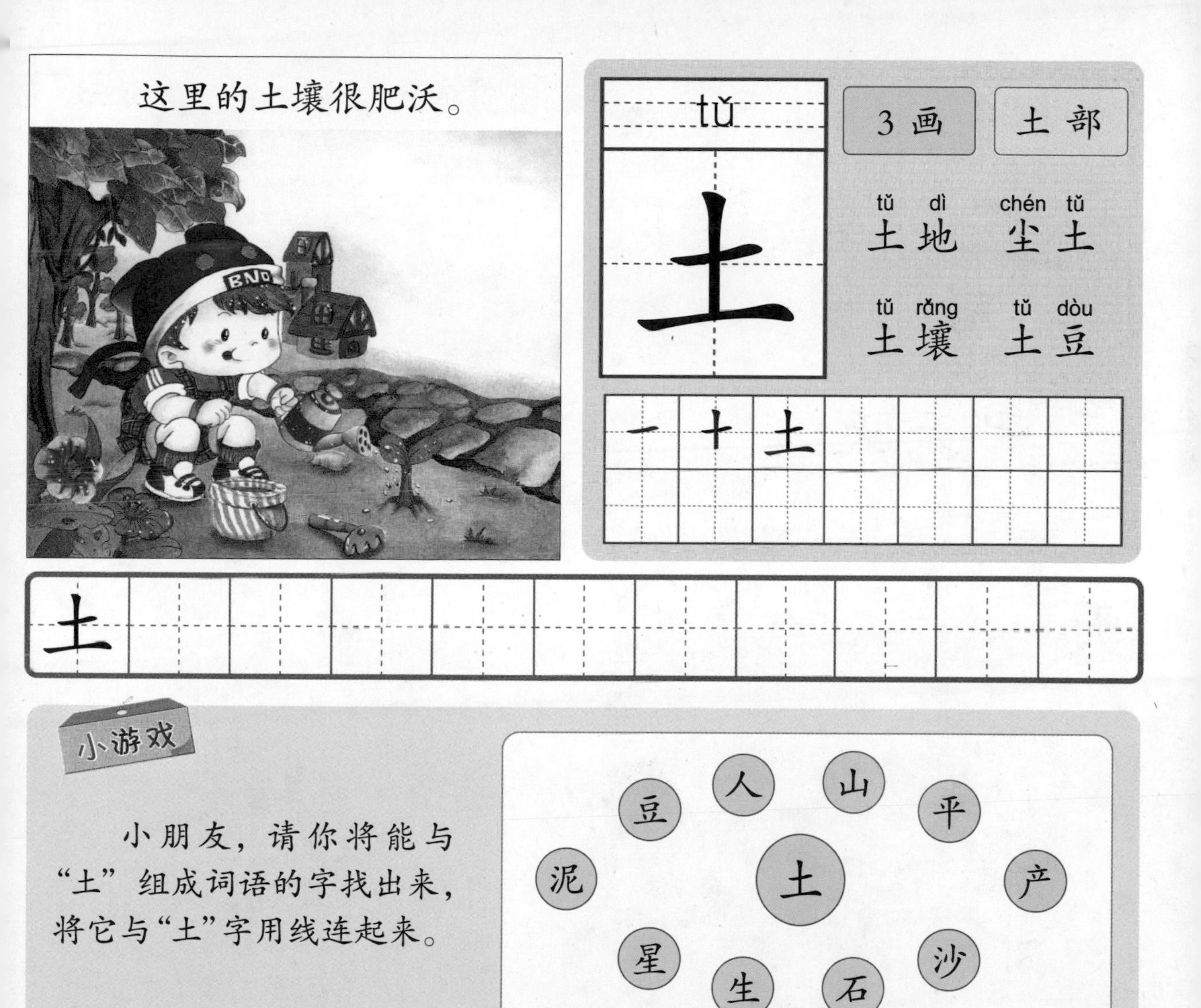

这里的土壤很肥沃。

tǔ

土

3画　土部

tǔ dì　chén tǔ
土地　尘土

tǔ rǎng　tǔ dòu
土壤　土豆

一　十　土

土

小游戏

小朋友，请你将能与“土”组成词语的字找出来，将它与“土”字用线连起来。

土

豆　人　山　平　泥　产　星　生　石　沙

tiān
天
4画
一部
tiān kōng 天空
tiān qì 天气
míng tiān 明天
tiān cái 天才
一 二 チ 天
蓝蓝的天空中飘着几朵白云。
天
绕口令
白天黑夜
冬天黑夜长，
夏天白天长，
夏天比冬天白天长，
冬天比夏天黑天长。

我们的祖国地大物博。

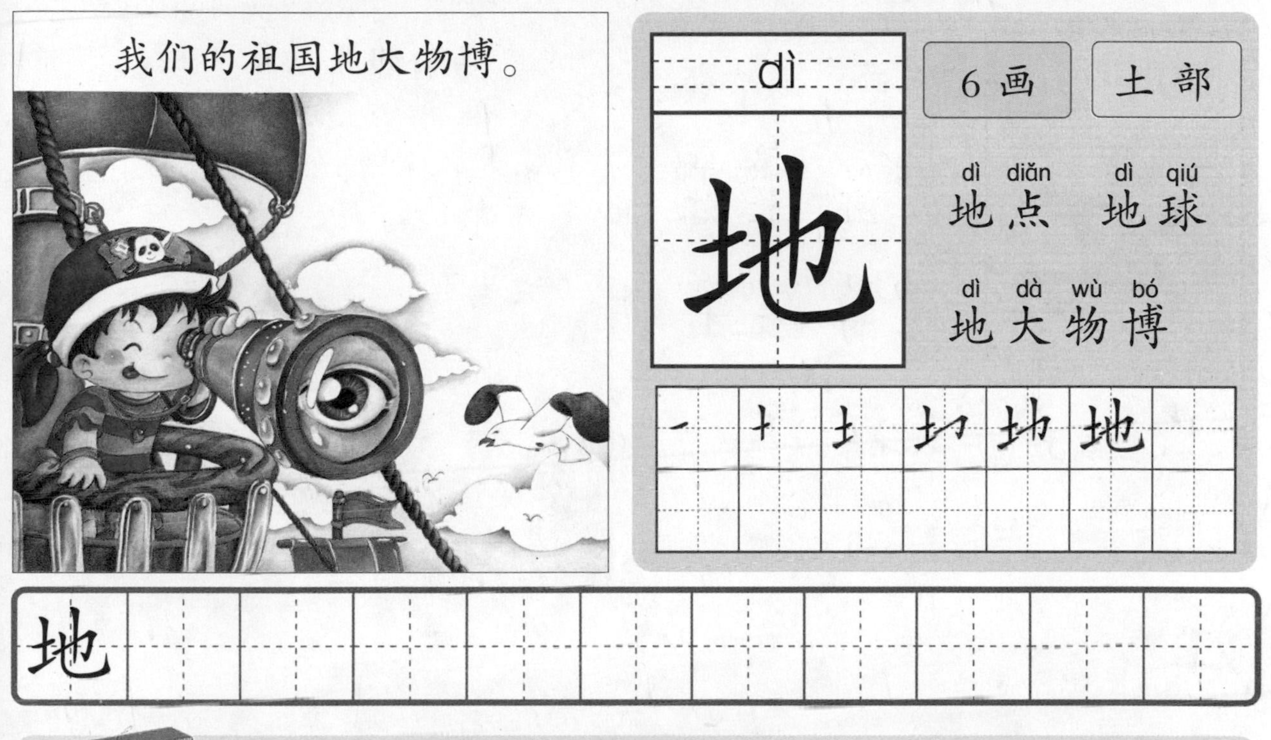

dì

地

6画　土部

dì diǎn　dì qiú
地点　地球

dì dà wù bó
地大物博

地

小游戏

图中的这些小动物，各自都有不同的生活环境。请小朋友们将生活在陆地的小动物挑选出来。

背唐诗

送孟浩然之广陵

李白

故人西辞黄鹤楼，
烟花三月下扬州。
孤帆远影碧空尽，
惟见长江天际流。

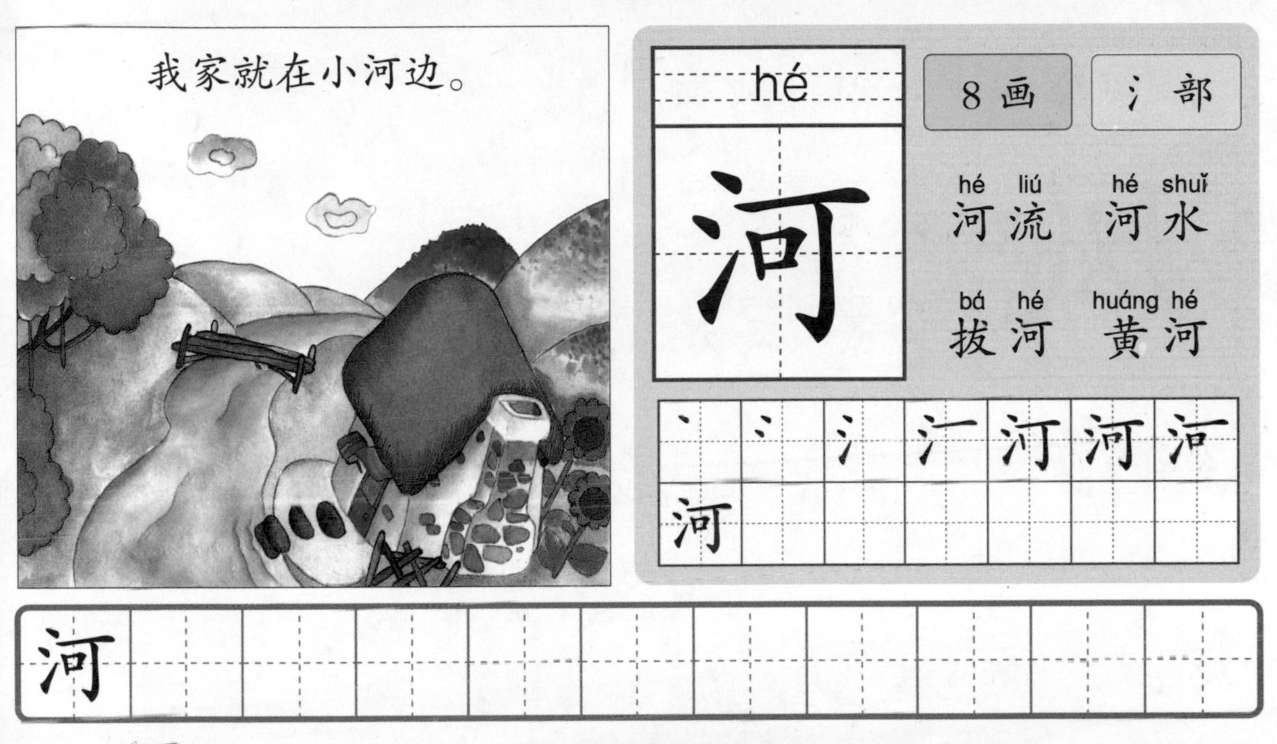

我家就在小河边。

hé

河

8画　氵部

hé liú　hé shuǐ
河流　河水

bá hé　huáng hé
拔河　黄河

河

望庐山瀑布

李白

日照香炉生紫烟，
遥看瀑布挂前川。
飞流直下三千尺，
疑是银河落九天。

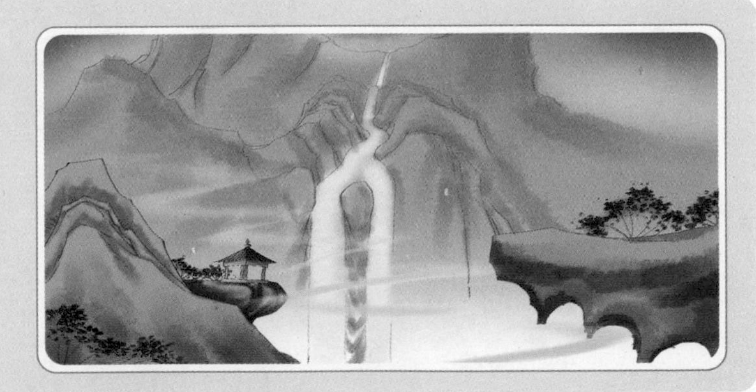

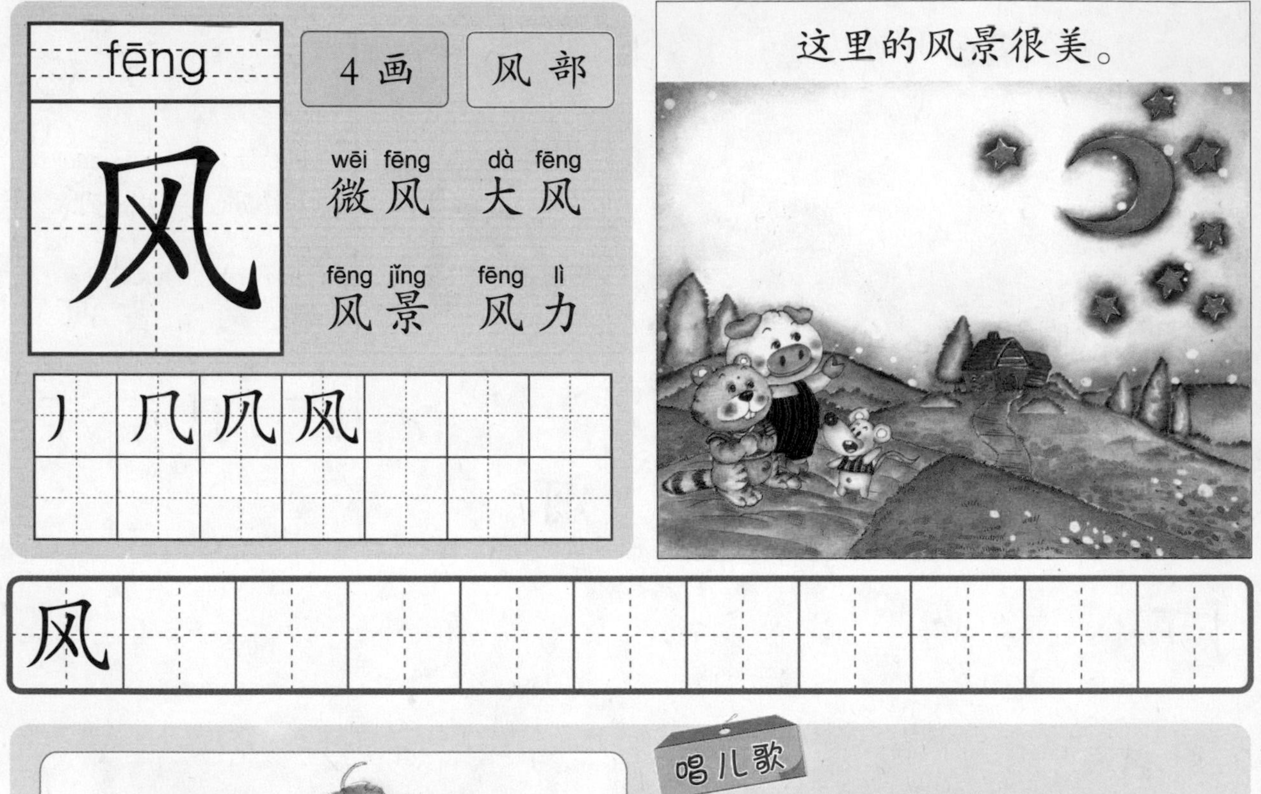

唱儿歌

小宝宝

风儿吹，树叶飘，
小宝宝，要睡觉。
不用拍，不用抱，
小宝宝，睡着了。

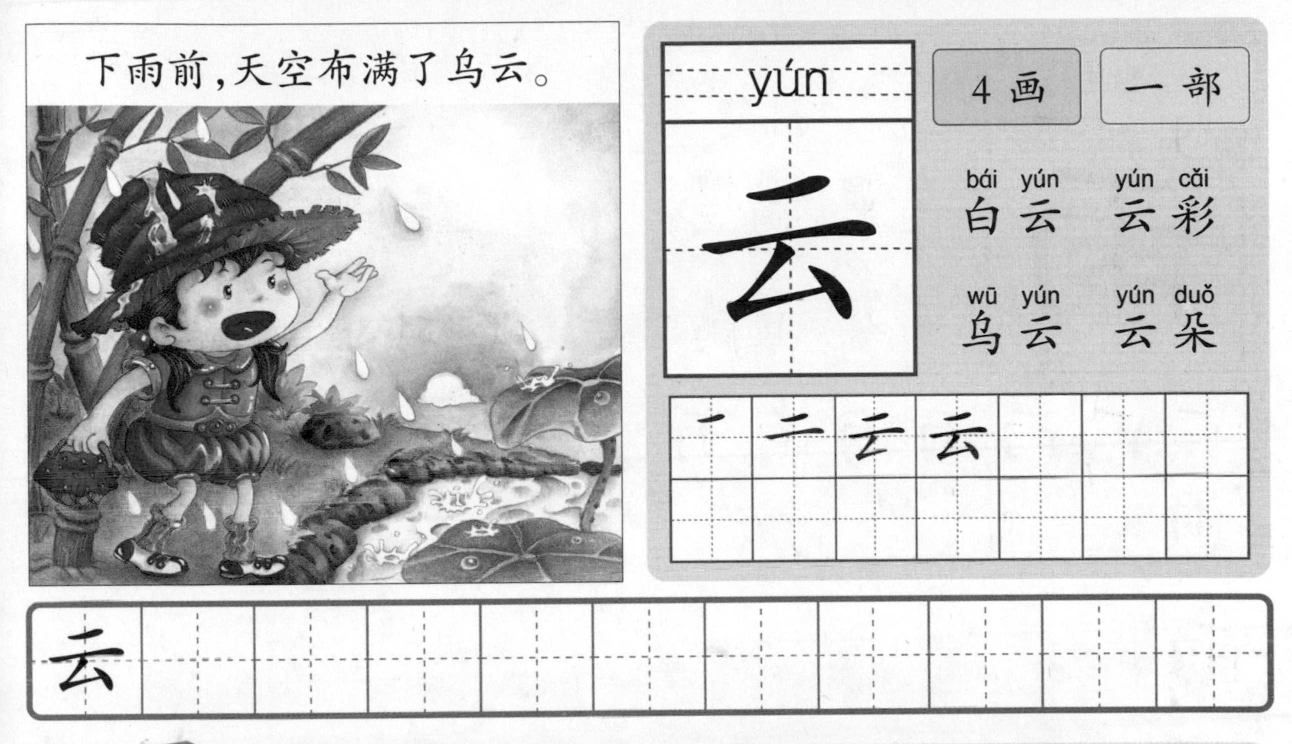

下雨前，天空布满了乌云。

yún

云

4 画

一 部

bái yún 白云　yún cǎi 云彩

wū yún 乌云　yún duǒ 云朵

一 二 亖 云

猜谜语

大手帕，多干净，
风姑姑，讲卫生，
轻轻飘，轻轻飞，
擦得蓝天亮晶晶。

（打一自然现象）
（云）

yǔ

雨

8画　雨部

yǔ shuǐ　yǔ diǎn
雨水　雨点

yǔ sǎn　bào yǔ
雨伞　暴雨

一	丆	𠕁	币	雨	雨	雨
雨						

雨										

今天有雨，别忘记带雨伞。

小游戏

小朋友，你认识这些雨具吗？请你说出它们的正确名称。

天空飘起了雪花。

xuě

雪

11画　雨部

bái xuě	xuě huā
白雪	雪花
jī xuě	xuě dì
积雪	雪地

雪

猜谜语

说它是花没人栽，
六个花瓣空中开，
北风送它下地来，
漫山遍野一片白。

（打一自然现象）
（雪）

花

唱儿歌

好乖乖

公园里面鲜花开，
万紫千红真可爱。
妈妈叫我不要摘，
这样才是好乖乖。

小伙伴们正在草地上玩耍。

cǎo

草

9画　艹部

cǎo dì	qīng cǎo
草地	青草
cǎo mào	yān cǎo
草帽	烟草

一 十 艹 艹 节 苩 苩 苴 草

草

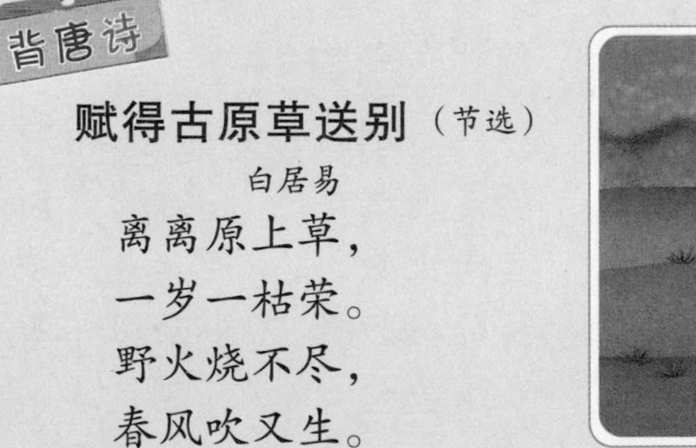

背唐诗

赋得古原草送别（节选）

白居易

离离原上草，
一岁一枯荣。
野火烧不尽，
春风吹又生。

shù

树

9画　木部

shù mù　shù yè
树木　树叶

liǔ shù　sōng shù
柳树　松树

一	十	才	木	权	权	权
树	树					

繁茂的树叶长满枝头。

树										

小知识

小朋友你知道吗，树的年龄是通过年轮计算的，在树的主干上数，每一圈代表一岁。请你数一数，图中两棵树各是多少岁？

我们要爱护花草树木。

mù

木

4画

木部

mù cái
木材

mù tou
木头

mù liào
木料

shù mù
树木

一 十 才 木

木

小游戏

小朋友,请你说说右图中哪些物品是用木头做成的?

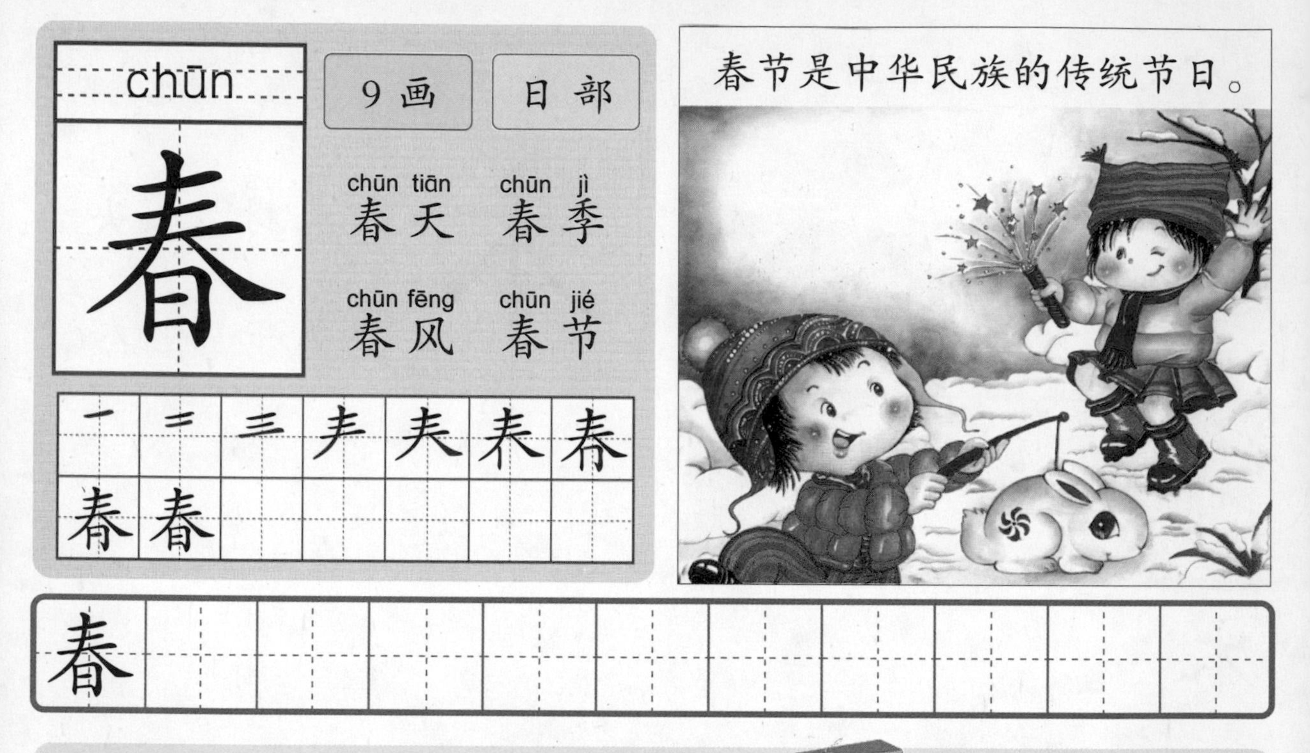

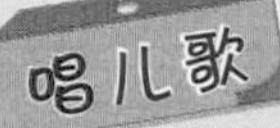

美丽的春天

春天到，百花香，
小蜜蜂，采蜜忙。
春光美丽无限好，
万物生长靠太阳。

夏天，小青蛙快乐地在水中玩耍。

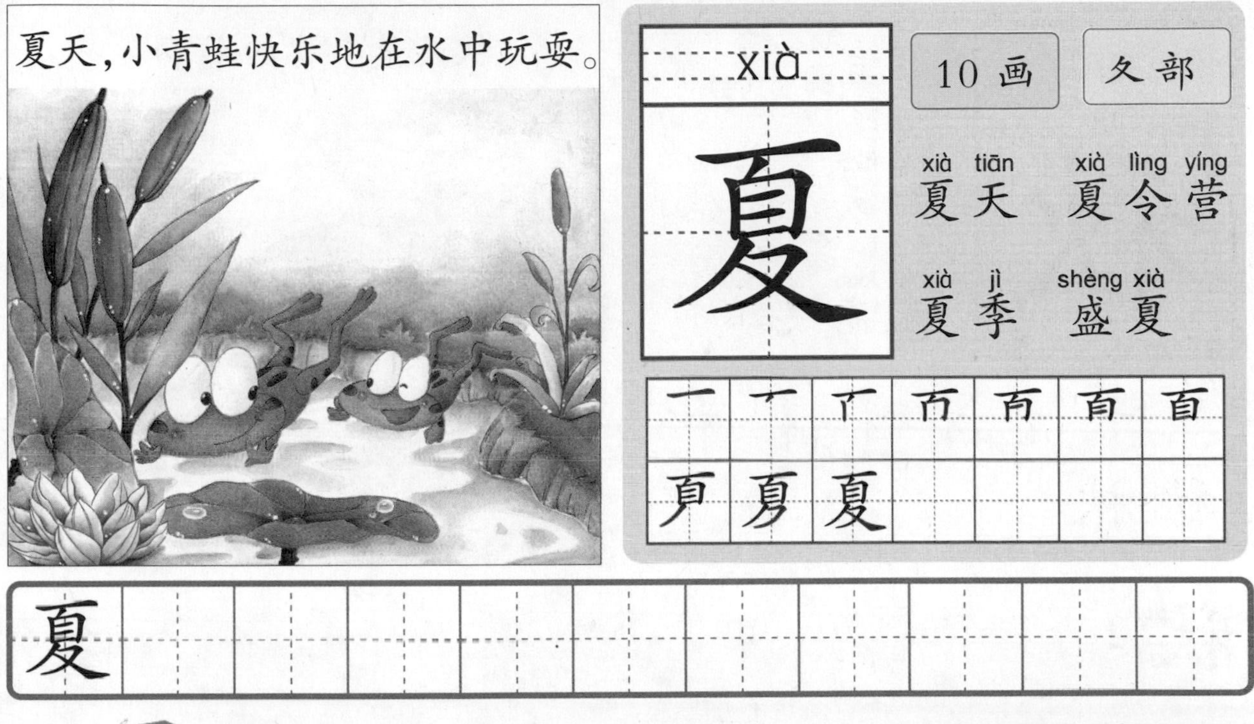

xià

夏

10画　夂部

xià tiān 夏天　xià lìng yíng 夏令营

xià jì 夏季　shèng xià 盛夏

一	丆	丆	百	百	百	百
頁	夏	夏				

夏											

猜谜语

像鸟不是鸟，
夏天躲树梢，
从来不学习。
却总说知道。

（打一昆虫）
（蝉）

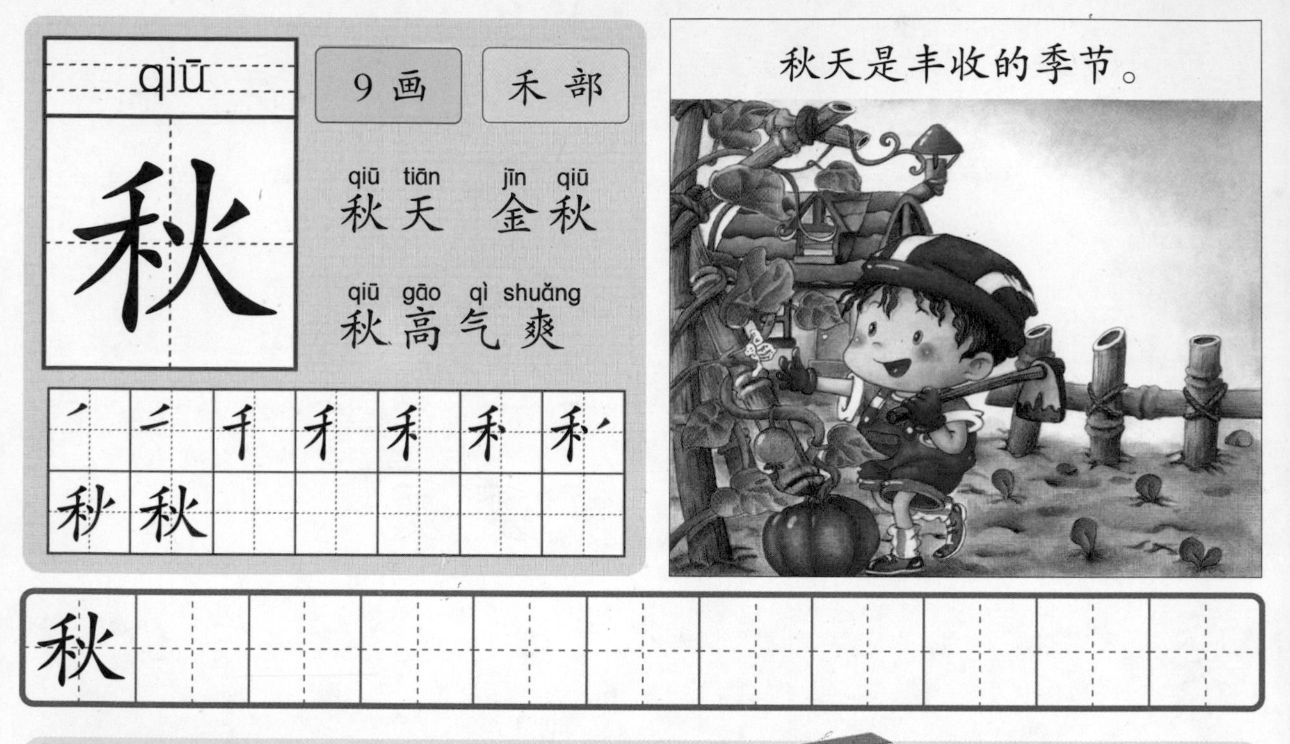

qiū

秋

9画　禾部

qiū tiān　jīn qiū
秋天　金秋

qiū gāo qì shuǎng
秋高气爽

秋天是丰收的季节。

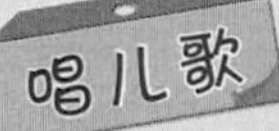

落叶

秋风吹来树飘摇，
片片树叶空中飘。
捡起一片小叶子，
想起蝴蝶小宝宝。

冬天是四季中最寒冷的季节。

dōng

冬

5画　夂部

dōng tiān 冬天　yán dōng 严冬

dōng mián 冬眠　dōng yǒng 冬泳

丿　夕　夂　冬　冬

冬

雪花

冬天里，北风多，
吹得雪花纷纷落。
堆个雪人胖墩墩，
大家玩得乐呵呵。

rén

人

2画　人部

rén mín	liè rén
人民	猎人
gōng rén	shāng rén
工人	商人

丿 人

人

我的爸爸是个猎人。

小游戏

小朋友，你会说关于“人”字的成语吗？让我们来填一填下面的题吧。

____山____海　　____杰地灵

____来____往　　自欺欺____

____前____后　　仁____志士

小朋友，你认识画面里的动物吗？你知道袋鼠妈妈的口袋里装的是什么吗？

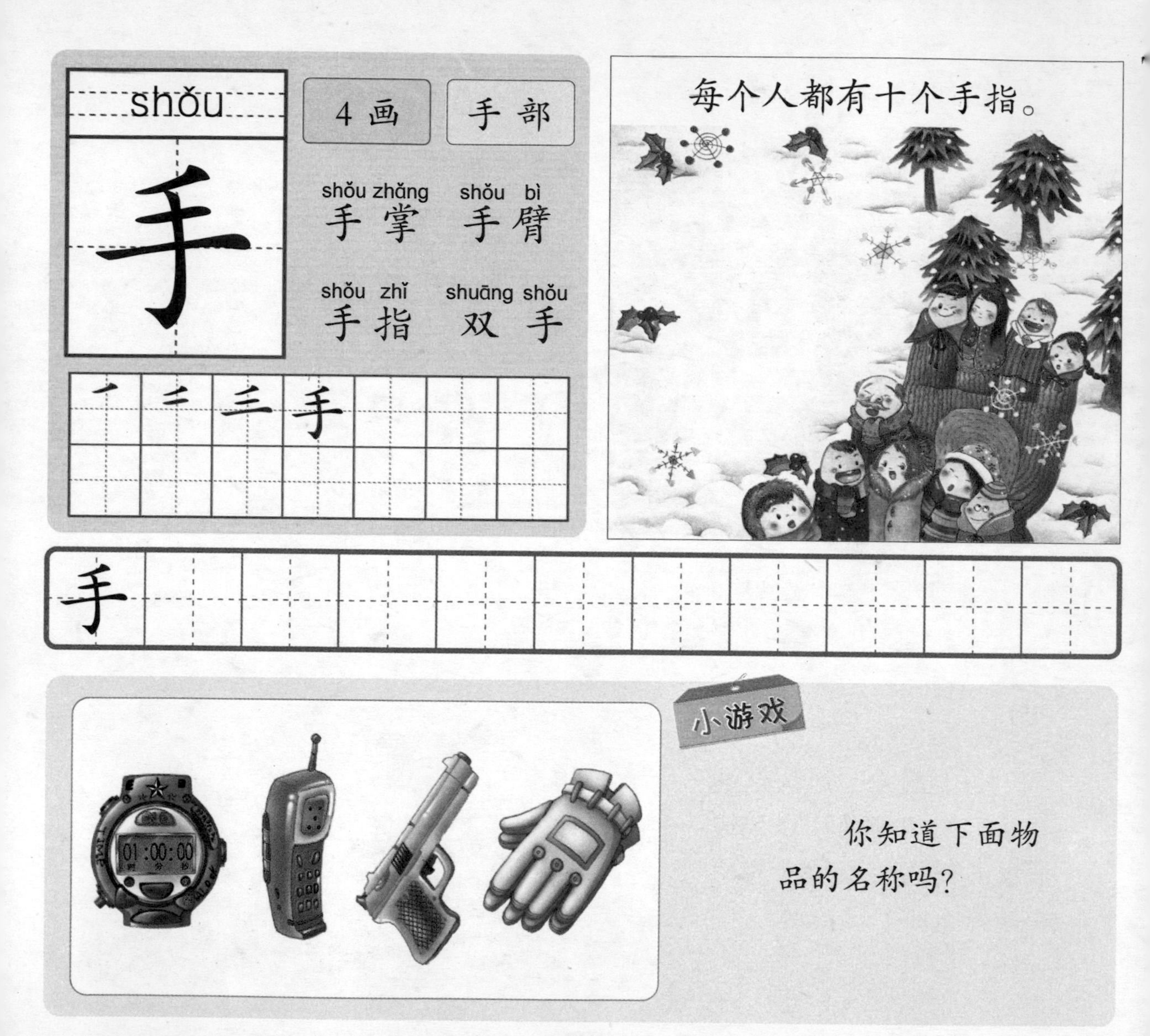

shǒu
手
4 画
手 部
shǒu zhǎng 手掌
shǒu bì 手臂
shǒu zhǐ 手指
shuāng shǒu 双手
一 二 三 手
手
每个人都有十个手指。
小游戏
你知道下面物品的名称吗？

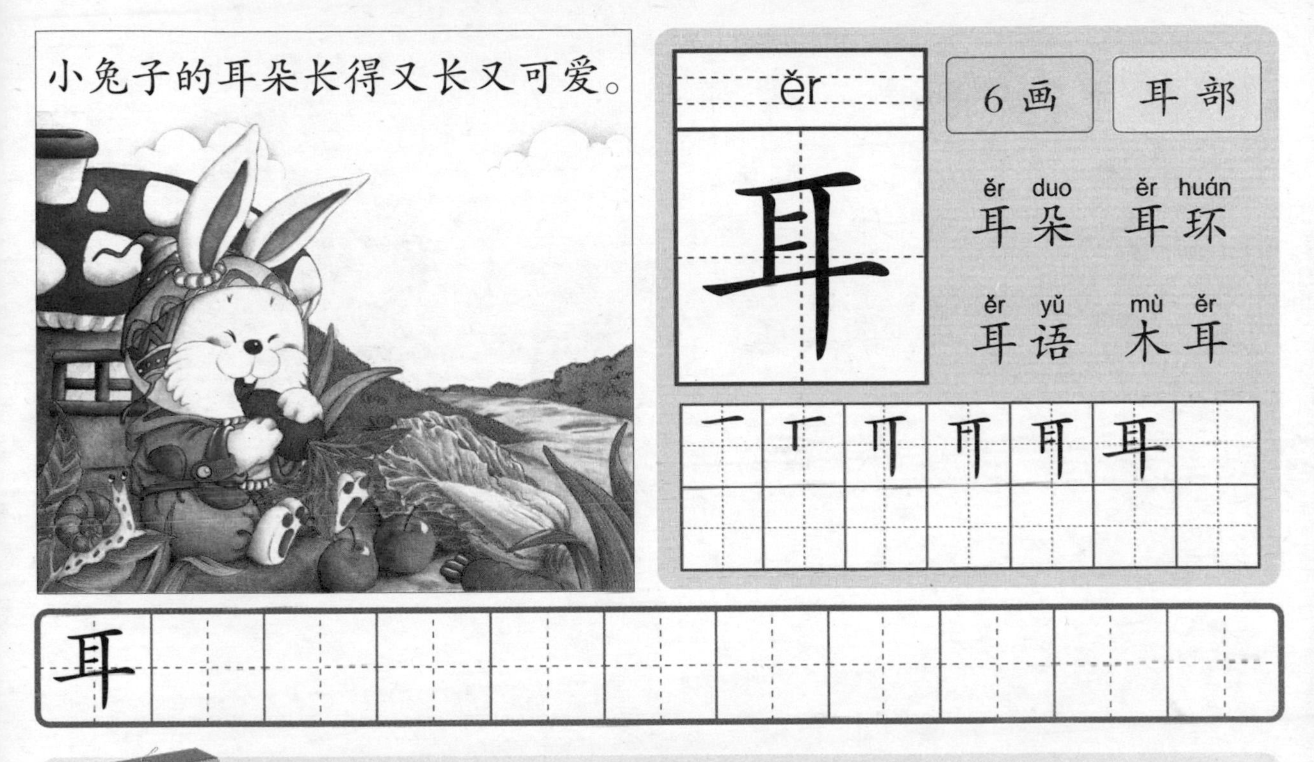

小兔子的耳朵长得又长又可爱。

ěr

耳

6画　耳部

ěr duo 耳朵　ěr huán 耳环

ěr yǔ 耳语　mù ěr 木耳

一 丅 丌 丌 甘 耳

耳

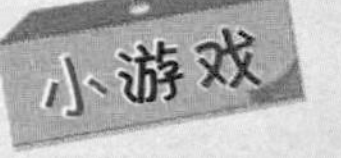

小朋友，请你说一说，这些都是谁的耳朵？请你把它们用线连起来。

shé

舌

6画　舌部

shé tou　kǒu shé
舌头　口舌

qī zuǐ bā shé
七嘴八舌

丿 二 千 千 舌 舌

人的舌头能够辨别味道。

舌

猜谜语

身子灵活软又滑，
交流尝味全靠它。
平时藏在山洞里，
洞门不开不说话。

（打一人体器官）
（舌头）

我们要养成早晚刷牙的好习惯。

yá

牙

4画　一部

yá chǐ 牙齿　shuā yá 刷牙

yá yī 牙医　yá shuā 牙刷

一 二 于 牙

牙

小知识

正确的刷牙方法

顺着牙缝向下刷，刷上牙时从上往下刷，刷下牙时从下往上刷，里外都要仔细刷干净，臼齿的咬合面要前后来回刷。

tóu

头

5画　　丶部

tóu nǎo　tóu fa
头脑　头发

tóu téng　gǔ tou
头疼　骨头

头

玲玲的头发上扎了一个蝴蝶结。

头

小游戏

荡秋千

秋千秋千荡得高，
飞呀飞呀过树梢。
鸟儿点头对我笑，
夸我勇敢小宝宝。

足

小游戏

“足”可以与哪些字组成词语？请小朋友用线把它们连起来。

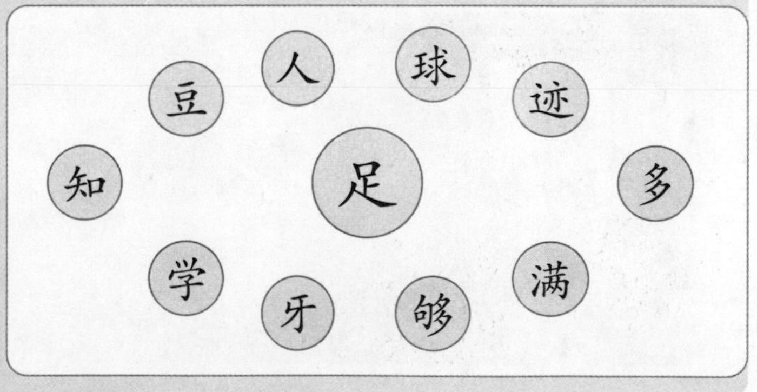

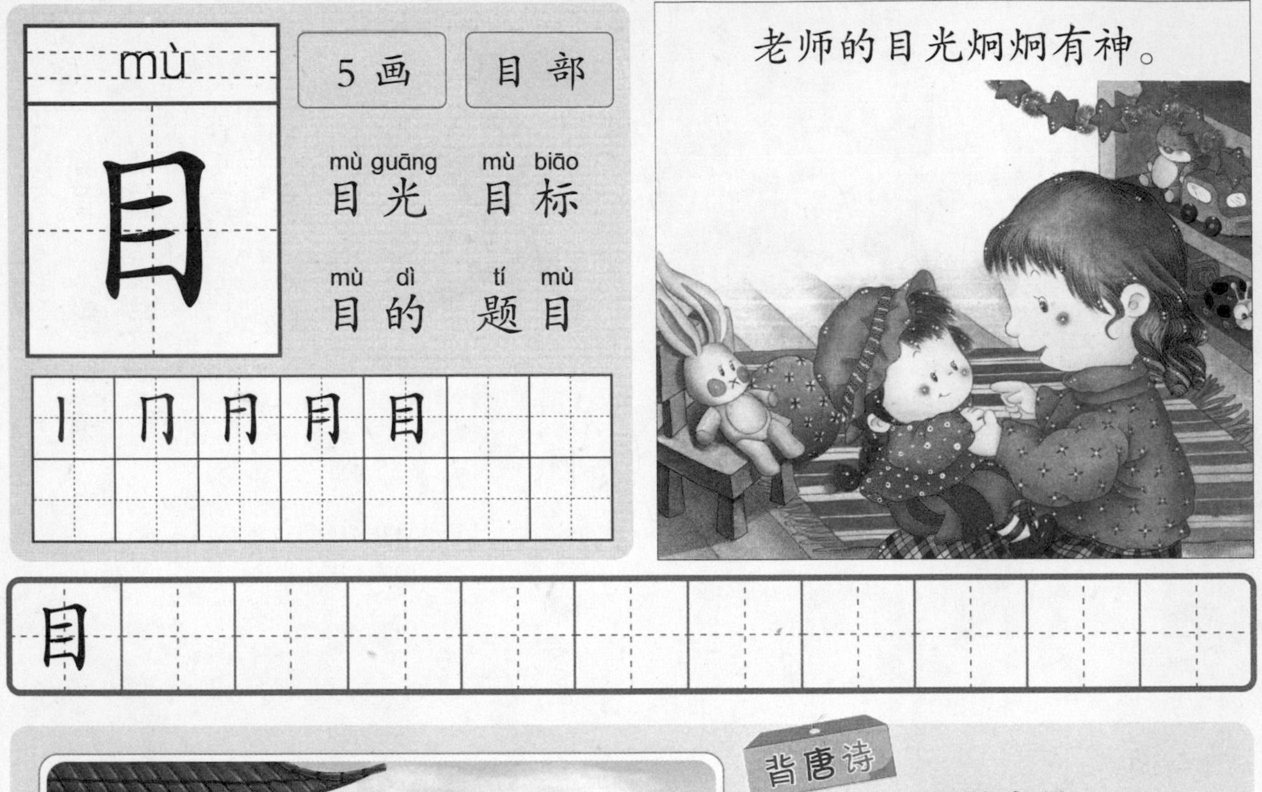

mù

目

5画　目部

mù guāng　目光
mù biāo　目标
mù dì　目的
tí mù　题目

丨 冂 月 月 目

老师的目光炯炯有神。

目

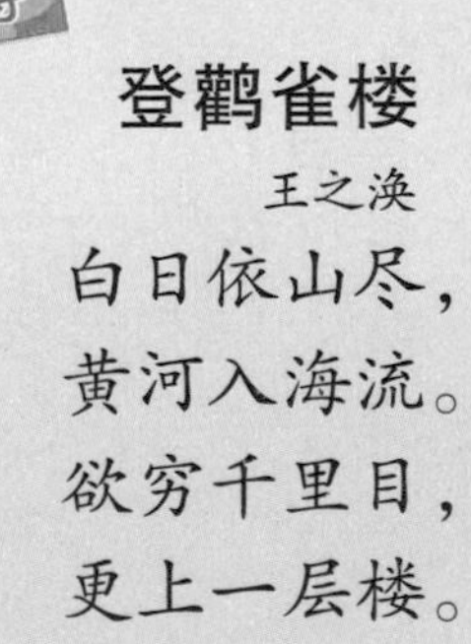

背唐诗

登鹳雀楼

王之涣

白日依山尽，
黄河入海流。
欲穷千里目，
更上一层楼。

他的眉毛长得又弯又长。

méi

眉

9画　目部

méi mao	huà méi
眉毛	画眉
é méi	méi tóu
峨眉	眉头

眉

小游戏

小朋友，请你看一看左边的这幅人物头像上缺少了什么呢？你能想一想并把它填上吗？

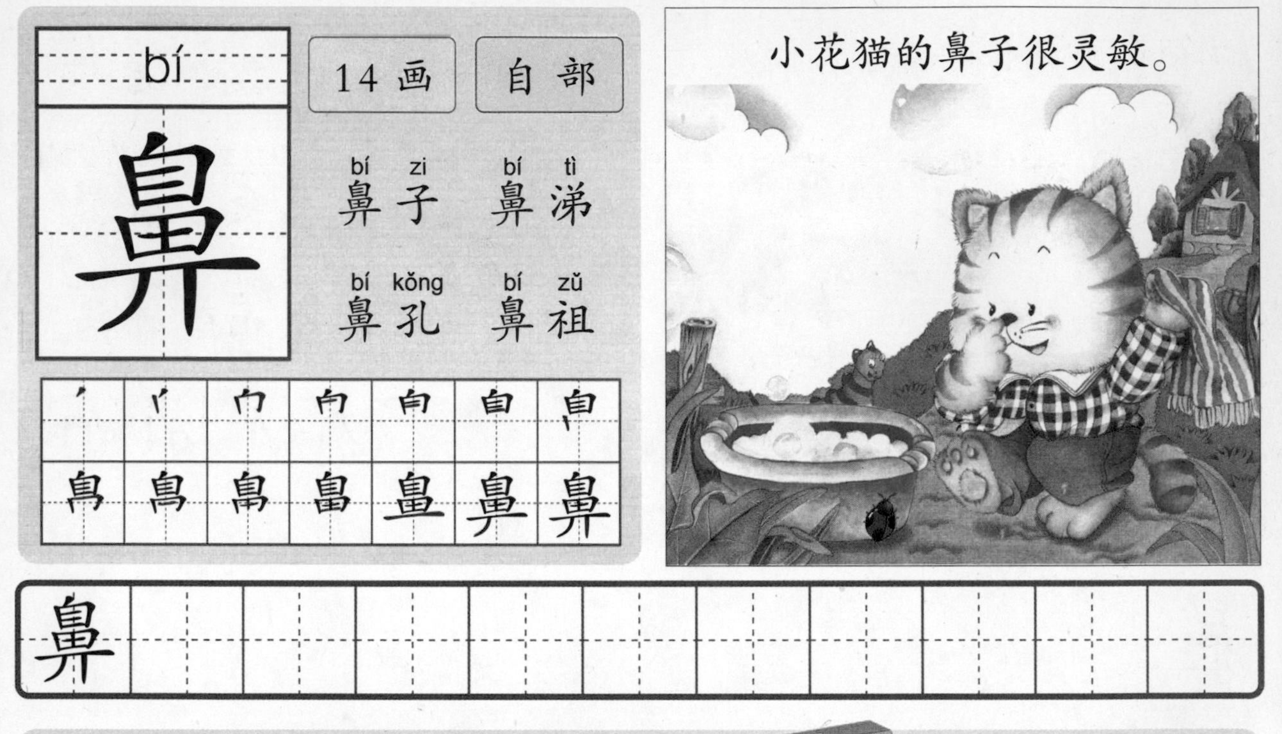

bí

鼻

14画　　自部

bí zi	bí tì
鼻子	鼻涕
bí kǒng	**bí zǔ**
鼻孔	鼻祖

小花猫的鼻子很灵敏。

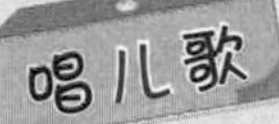

大象

长长鼻子像钩子，
大大耳朵像扇子，
圆圆大腿像柱子，
胖胖身体像房子。

丽丽病了，脸色很难看。

liǎn

脸

11 画　月 部

xiào liǎn 笑脸　liǎn sè 脸色

liǎn dàn 脸蛋　xǐ liǎn 洗脸

脸

小游戏

小朋友，请你把右图中与“脸”字偏旁相同的字挑出来，你还能写出哪些有“月”字旁的字？

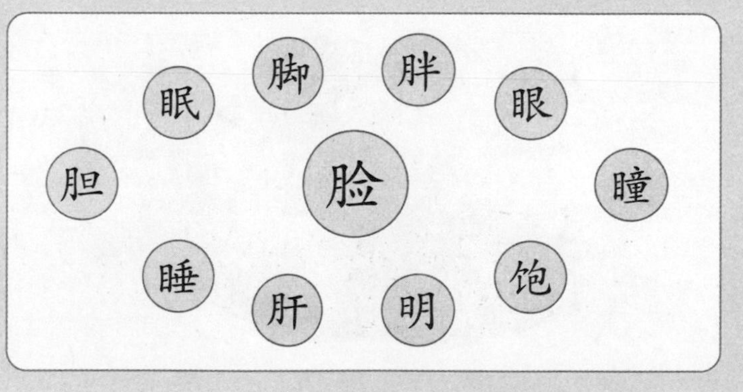

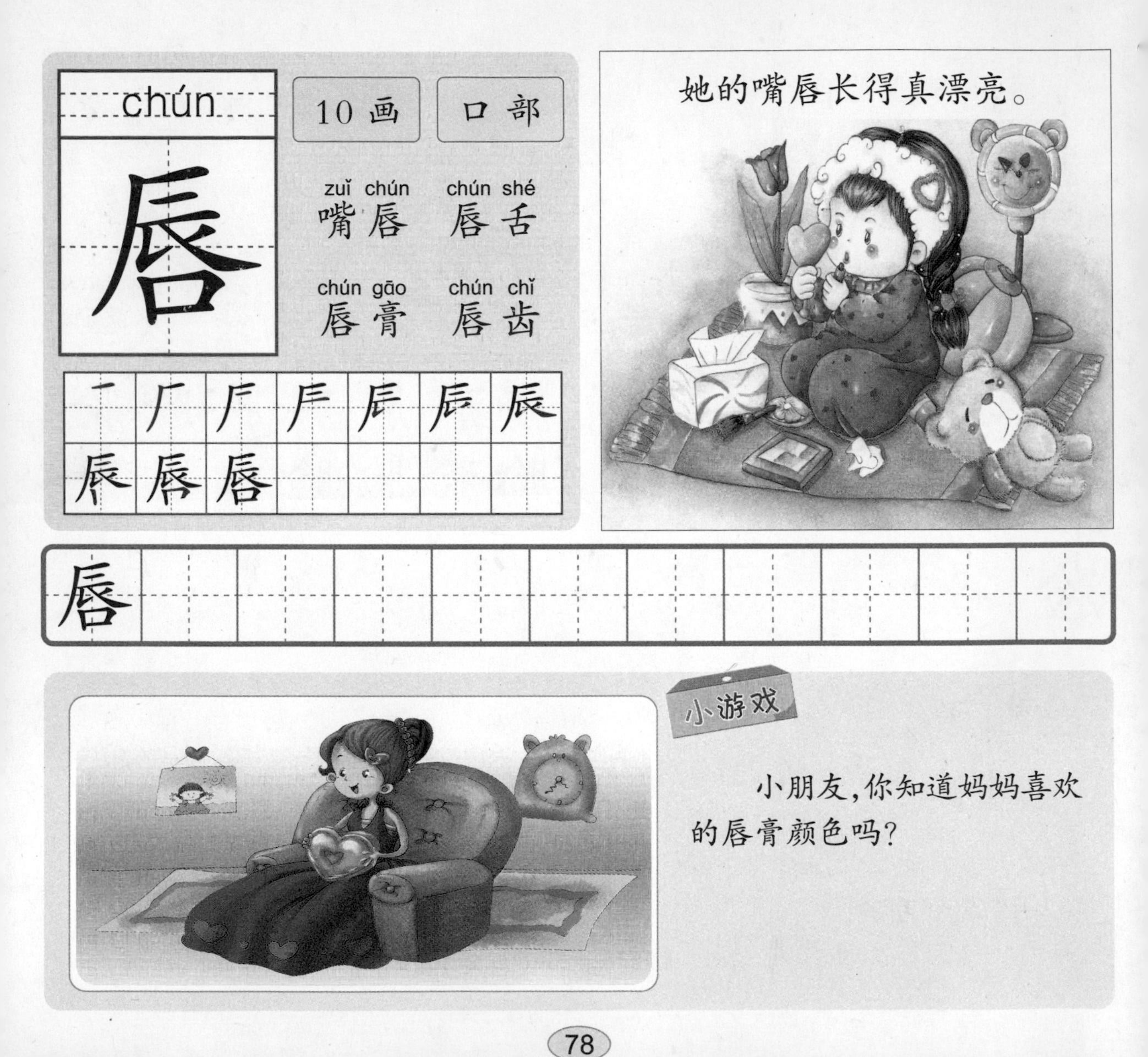
chún
唇
10画
口部
zuǐ chún
嘴唇
chún shé
唇舌
chún gāo
唇膏
chún chǐ
唇齿
一 厂 厂 戶 戶 戶 辰
辰 唇 唇
她的嘴唇长得真漂亮。
唇
小游戏
小朋友，你知道妈妈喜欢的唇膏颜色吗？

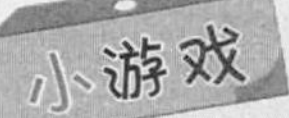

小朋友，快来给图中的服装分分类吧，看看哪些服装是男孩子的？哪些服装是女孩子的？

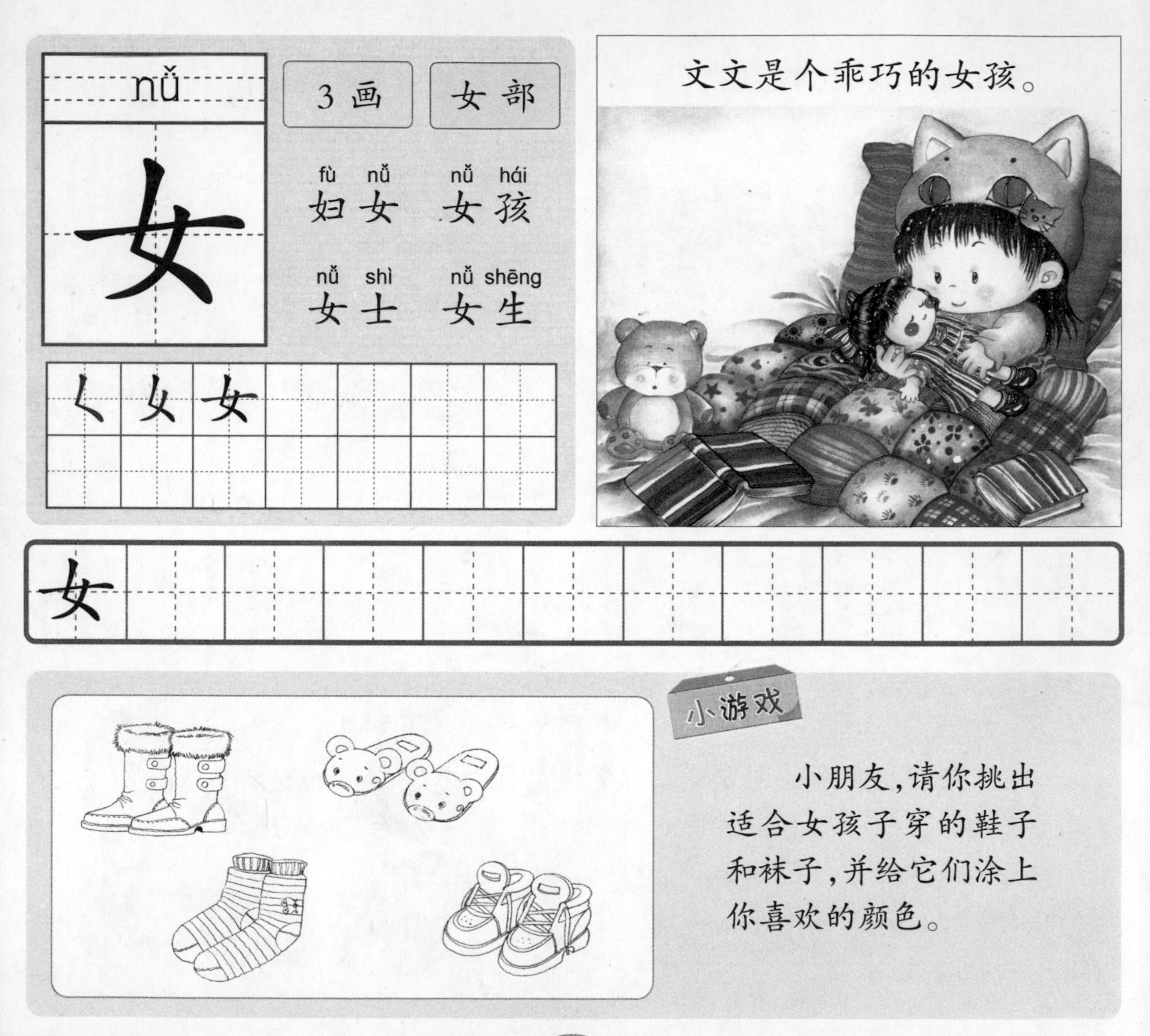
nǚ
女
3画
女部
fù nǚ
妇女
nǚ hái
女孩
nǚ shì
女士
nǚ shēng
女生
く 女 女
女
文文是个乖巧的女孩。
小游戏
小朋友，请你挑出适合女孩子穿的鞋子和袜子，并给它们涂上你喜欢的颜色。

我的妈妈是一名老师。

lǎo
老

6画　老部

lǎo shī 老师　lǎo rén 老人

lǎo shǔ 老鼠　lǎo bǎn 老板

一	十	土	耂	耂	老	

老										

老鼠送礼

猫咪生日真热闹，
又放鞭炮又吹号。
老鼠听到来送礼，
被猫一口吃掉了。

yòu
幼
5画
幺部
yòu shī 幼师
yòu ér yuán 幼儿园
yòu jiào 幼教
yòu xiǎo 幼小
丿 乡 幺 幻 幼
幼
幼儿园里有很多玩具。
唱儿歌
幼儿园
幼儿园里快乐多，
老师耐心来教我。
常夸我是好宝宝，
开开心心真快活。

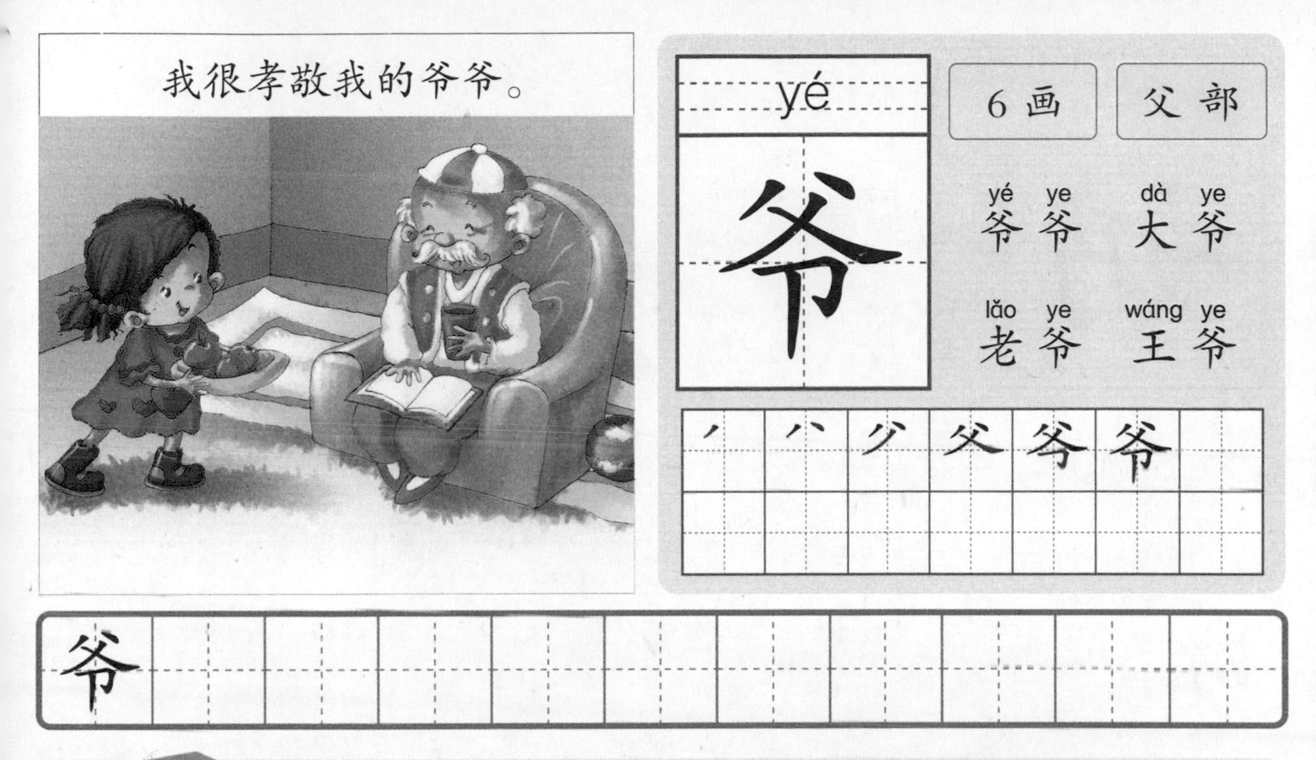

我很孝敬我的爷爷。

yé

爷

6画　父部

yé ye	dà ye
爷爷	大爷
lǎo ye	wáng ye
老爷	王爷

丿　八　⺈　父　爷　爷

爷

唱儿歌

爷爷

爷爷爷爷你快来，
小板凳上坐下来，
我帮爷爷捶捶背，
爷爷夸我好乖乖。

nǎi

奶

5画　女部

nǎi nai 奶奶　nǎi mā 奶妈

nǎi fěn 奶粉　nǎi píng 奶瓶

我有一位慈祥的奶奶。

唱儿歌

小耗子

小耗子，上登台，
偷油吃，下不来，
吱吱吱吱叫奶奶，
奶奶不肯来，
叽里咕噜滚下来。

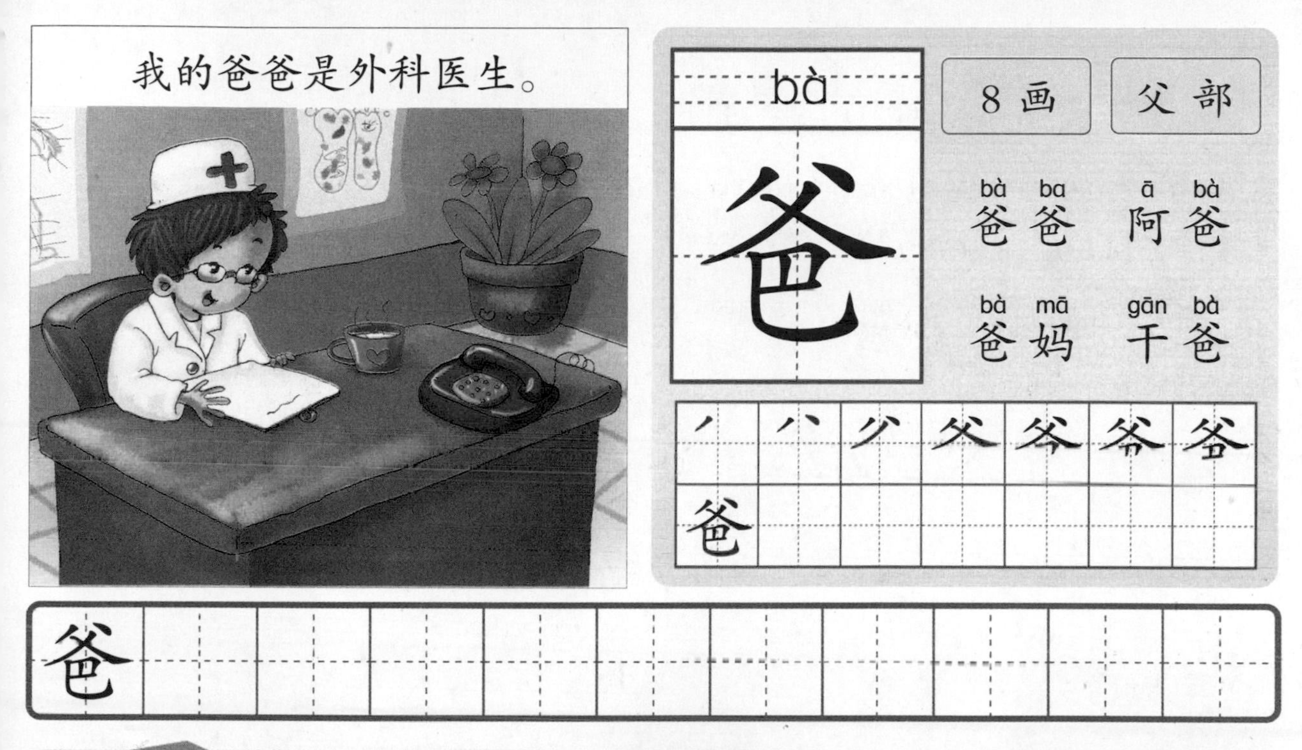

我的爸爸是外科医生。

bà

爸

8画　父部

bà ba	ā bà
爸爸	阿爸
bà mā	**gān bà**
爸妈	干爸

丿 八 ⺈ 父 爷 爷 爸

爸

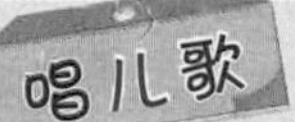

唱儿歌

大公鸡不要吵

清晨爸爸上班早，
公鸡见了喔喔叫。
别吵别吵你别吵，
妈妈下班刚睡着。

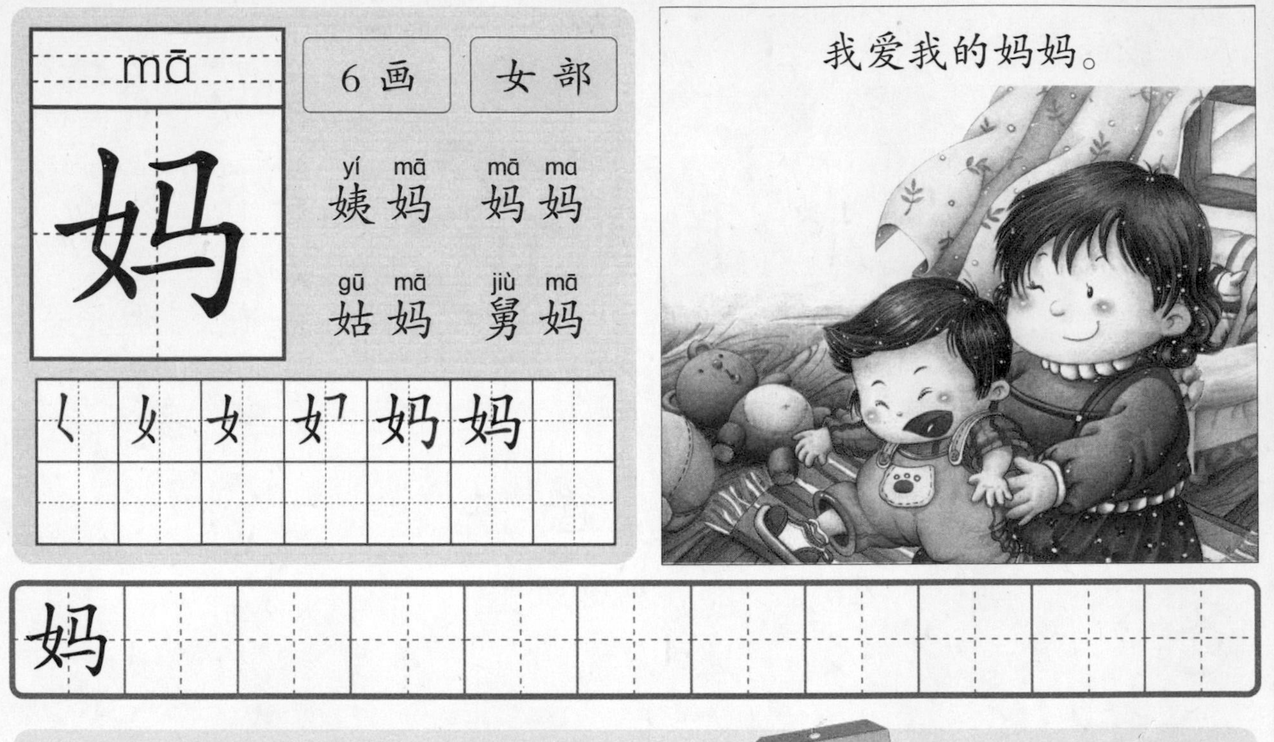

mā

妈

6画　女部

yí mā　mā ma
姨妈　妈妈

gū mā　jiù mā
姑妈　舅妈

我爱我的妈妈。

妈

唱儿歌

宝宝和妈妈

星期天，待在家，
妈妈绣花我画画。
宝宝画妈妈绣花，
妈妈绣宝宝画画，
宝宝妈妈笑哈哈。

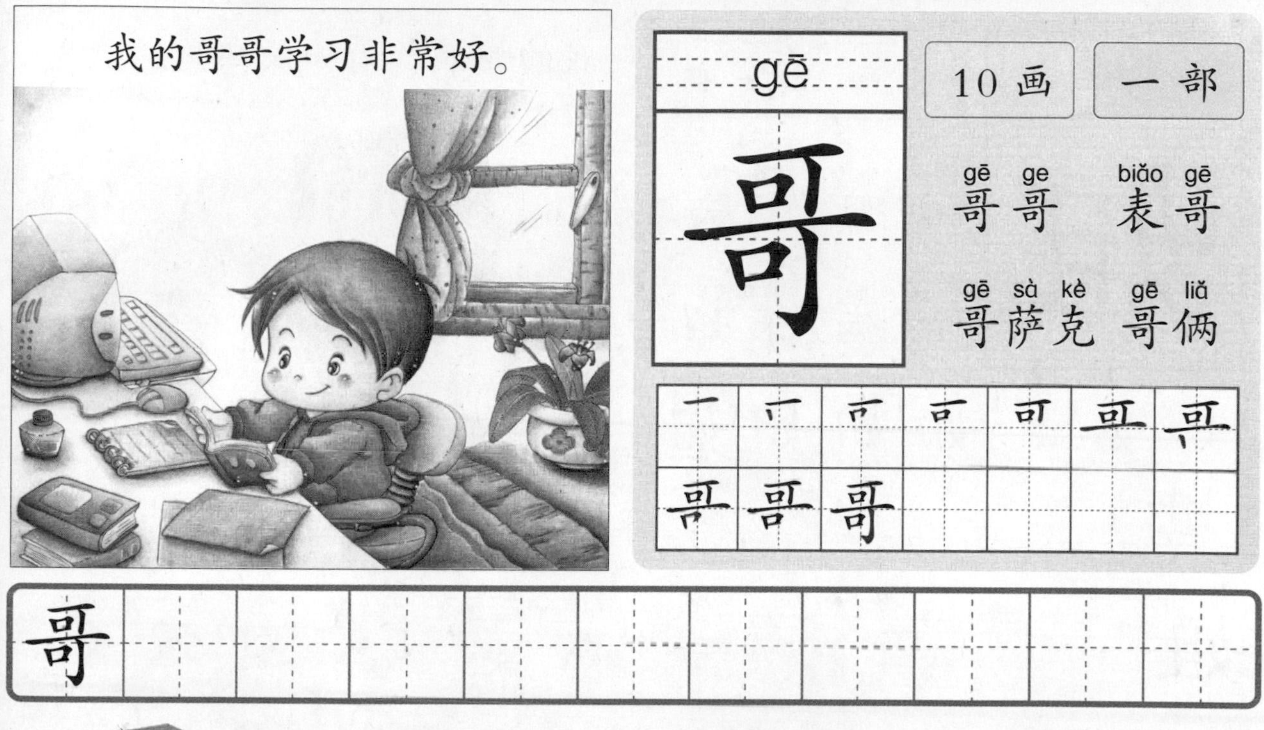

我的哥哥学习非常好。

gē

哥

10画　一部

gē ge	biǎo gē
哥哥	表哥

gē sà kè	gē liǎ
哥萨克	哥俩

哥

学狗叫

小哥哥，学狗叫，
小妹妹，吓一跳。
哭着喊着告妈妈，
看你还敢再胡闹。

jiě

姐

8画　女部

jiě jie	jiě fu
姐姐	姐夫
jiě liǎ	biǎo jiě
姐俩	表姐

我的姐姐长着一头乌黑的长发。

绕口令

折蝴蝶

姐姐妹妹折蝴蝶，
蝴蝶翩翩飞的高。
做了一叠又一叠，
美丽赛过真蝴蝶。

我的弟弟非常可爱。

dì

弟

7画　八部

dì dì	xiōng dì
弟弟	兄弟
dì zǐ	**dì mèi**
弟子	弟妹

丶 丷 䒑 弓 弟 弟 弟

弟

唱童谣

弟弟喂小鸡

一个小弟弟，
最爱喂小鸡。
小鸡想吃虫，
就追小弟弟。
小弟说别急，
这就捉虫去。

mèi
妹
8画
女部
mèi mei
妹妹
mèi zi
妹子
táng mèi
堂妹
biǎo mèi
表妹
妹妹梳着两个朝天小辫，很可爱。
唱儿歌
鸡毛毽
鸡毛毽，飘呀飘，
小妹妹，哈哈笑。
拍拍手，蹦又跳，
经常运动身体好。

今天叔叔要来我家做客。

shū

叔

8画　又部

biǎo shū　shū bó
表叔　叔伯

shū shu　shū zhí
叔叔　叔侄

叔

叔

交警叔叔

交警叔叔本领大，
来往车辆听他话。
疏导交通保安全，
真是人民好警察。

yí
姨
9画
女部
ā yí
阿姨
yí fu
姨夫
yí mā
姨妈
dà yí
大姨
我的姨妈经常来看我。
说一说
妈妈的妹妹是你的________。
妈妈的姐姐是你的________。

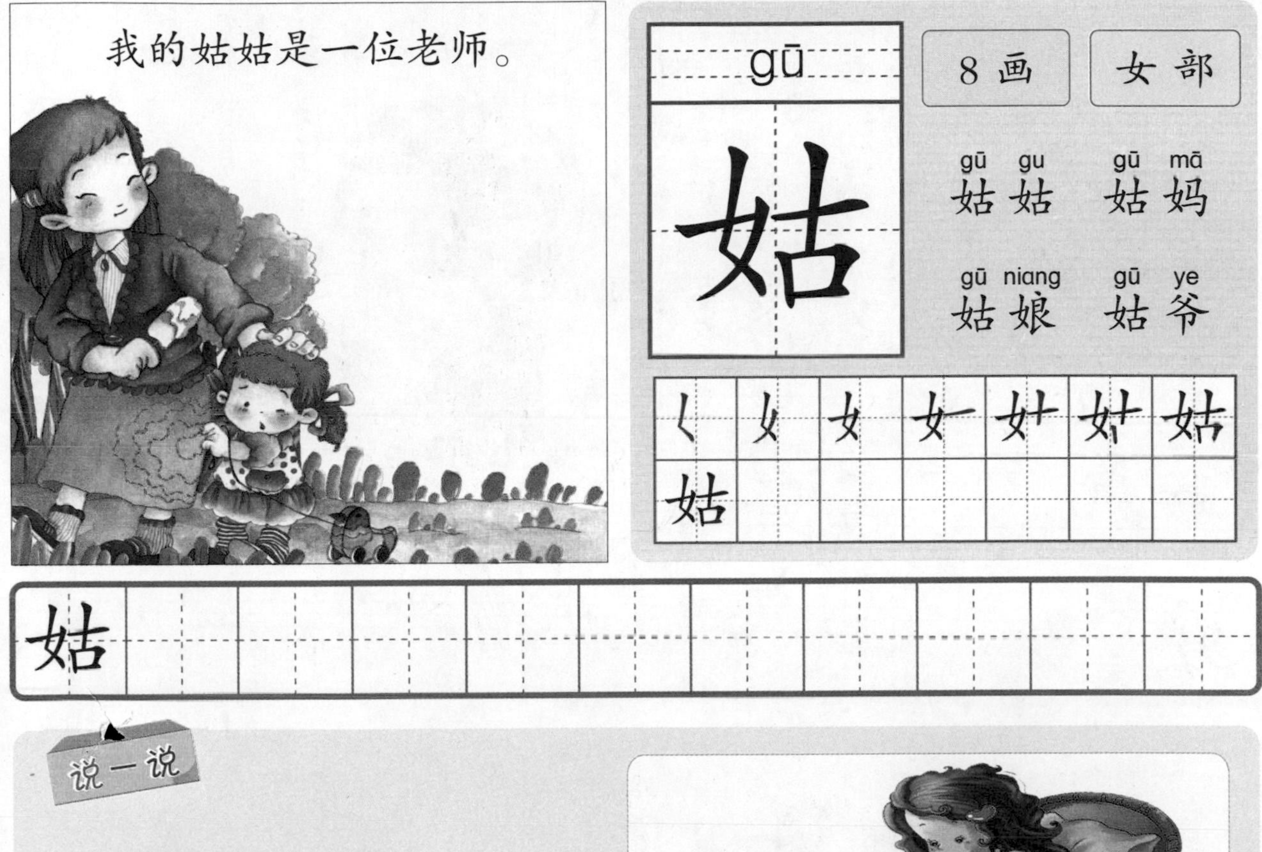

我的姑姑是一位老师。

gū

姑

8画　女部

gū gu　gū mā
姑姑　姑妈

gū niang　gū ye
姑娘　姑爷

ㄑ	女	女	女	女	姑	姑
姑						

姑										

说一说

爸爸的妹妹是你的______。
爸爸的姐姐是你的______。

jiù

舅

13画　男部

jiù jiu 舅舅　jiù mā 舅妈

jiù fù 舅父　niáng jiù 娘舅

丿	⺁	𠂆	𦥑	𦥑	臼	臼
臼	臼	臼	舅	舅	舅	

我的舅舅喜欢看报纸。

舅

说一说

妈妈的哥哥是你的________。
妈妈的弟弟是你的________。

星期天，我和伯父一起去旅行。

bó
伯

7画　亻部

bó bo　　bó fù
伯伯　　伯父

bó mǔ　　lǎo bó
伯母　　老伯

ノ	亻	亻'	亻ㄏ	伯	伯	伯

伯

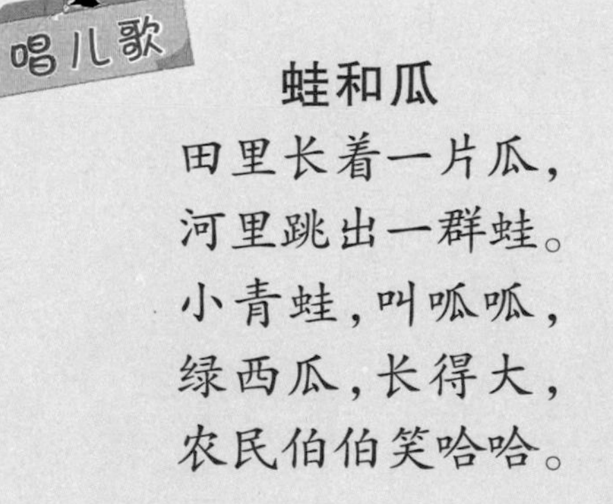

唱儿歌

蛙和瓜

田里长着一片瓜，
河里跳出一群蛙。
小青蛙，叫呱呱，
绿西瓜，长得大，
农民伯伯笑哈哈。

图书在版编目（CIP）数据

宝宝快乐识汉字/理想主编．—北京：中国人口出版社，2006．1

（小博士学前启蒙必读）

ISBN 7-80202-262-2

Ⅰ．宝…　Ⅱ．理…　Ⅲ．识字课—学前教育—教学参考资料

Ⅳ．G613.2

中国版本图书馆CIP数据核字（2005）第158566号

宝宝快乐识汉字

理想　主编

出版发行	中国人口出版社
印　　刷	北京时捷印刷有限公司
开　　本	787×1092　1/24
印　　张	4
字　　数	15 千字
版　　次	2006 年 1 月第 1 版
印　　次	2006 年 1 月第 1 次印刷
书　　号	ISBN 7-80202-262-2/G·265
定　　价	40.00 元（全四册）

社　　长	陶庆军
电子信箱	chinapphouse@163.net
电　　话	(010)83519390
传　　真	(010)83519401
地　　址	北京市宣武区广安门南街80号中加大厦
邮　　编	100054
